August Feigel

Die Auflage nach dem bürgerlichen Gesetzbuche

August Feigel

Die Auflage nach dem bürgerlichen Gesetzbuche

ISBN/EAN: 9783743651487

Hergestellt in Europa, USA, Kanada, Australien, Japan

Cover: Foto ©Suzi / pixelio.de

Weitere Bücher finden Sie auf **www.hansebooks.com**

Die Auflage

nach dem

bürgerlichen Gesetzbuche.

Inaugural-Dissertation

der juristischen Fakultät der Friedrich-Alexanders-Universität zu Erlangen

vorgelegt von

August Feigel,
Rechtspraktikant aus Ansbach.

Approbirt am 4. Juni 1898.

Ansbach.
Druck von C. Brügel & Sohn
1898.

Einleitung.

Die ersten Spuren der Auflage finden sich in der klassischen Zeit der römischen Jurisprudenz, etwa um die Mitte des zweiten Jahrhunderts nach Christus. In verschiedenen Erscheinungsformen ist zu dieser Zeit den römischen Rechtsgelehrten die Auflage bekannt. Vier Ausdrücke des juristischen Sprachgebrauches sind es insbesondere, welche auf dieselbe bezogen werden können: modus, condicio, lex und iubere. Keine dieser vier Bezeichnungen kann jedoch in klassischer Zeit Anspruch darauf machen, als technischer Ausdruck für das Institut der Auflage zu gelten. Dies ergibt sich schon aus dem Nebeneinanderbestehen der verschiedenen Bezeichnungen. Mit diesem unsicheren und schwankenden Sprachgebrauch in Einklang steht der Rechtszustand der klassischen Zeit.

Beginnen wir mit den Rechtsgeschäften mortis causa beigefügten Auflagen.

Regelmässig werden die letztwilligen Auflagen mit Vermächtnissen verbunden. Ob auch bei der Erbeinsetzung Auflagen vorkommen können, ist zweifelhaft. Aus den Rechtsbüchern kann hierüber mit Bestimmtheit nichts entnommen werden.

Bei den Vermächtnissen erscheint die Auflage meist in Form von „Befehlen“, dahingehend, ein Denkmal, ein Begräbnis zu errichten, Spiele zu veranstalten oder auch für die Armen und Waisen zu sorgen. Es dient sohin die Auflage meist einem religiösen, gemeinnützigen oder wohlthätigen Zwecke. Auflagen zu Gunsten einer Privatperson kommen selten vor; erst in der späteren Zeit werden dieselben zahlreicher.

Was die praktische Behandlung anlangt, so geht das Streben derselben in höherem Masse dahin, den Grundsätzen der Zweckmässigkeit gerecht zu werden, als juristische Klarheit und Vollendung zu erreichen.

Eine eigentliche Klage, mit welcher der modal Beschwerte zur Erfüllung gezwungen werden kann, gibt es nicht. Der Stadtprätor suchte diese Lücke des Rechtes auf die verschiedenste Weise auszufüllen. Am häufigsten verweigerte er die Klage auf das Vermächtnis oder er liess auch die exceptio doli zu, wenn der beschwerte Legatar nicht Sicherheit dafür stellte, dass er die Auflage vollziehen würde. Dies Verfahren wurde beobachtet, mochte nun ein Vindikations- oder Damnationslegat vorliegen. In den Fällen, in welchen der „Befehl" des Erblassers einer Gemeinde oder einem Tempel zugute kam: z. B. indem die Beschwerung dahin ging, ein gemeinnütziges Bauwerk oder ein Götterstandbild zu errichten, wurde extra ordinem eingeschritten: Fr. 11 § 23 sqq. de leg. 3; fr. 38 § 2 de auro 34, 2 Scaev.

Eine teilweise Aenderung brachte die Bestimmung des Kaisers Sever. Hienach sollte nach Massgabe der Fideikommisse verfahren werden, wenn eine Freilassung den Inhalt der Auflage bildete. Die Anwendung dieser Bestimmung wurde dann auch auf die Fälle ausgedehnt, in welchen einer bestimmten Person durch eine Auflage etwas zugewendet werden sollte: l. 2 Cod. de his, quae sub modo legata vel fideicommissa relinquuntur 6, 45. Die Besserung des Rechtszustandes war jedoch nur eine teilweise; denn auch durch die genannte Vorschrift war noch nichts gewonnen für die Fälle, in denen die Erfüllung der Auflage im allgemeinen Interesse oder nur im Interesse des Erblassers lag. Hier war nach wie vor alles dem Ermessen des betreffenden Beamten überlassen. Und da bei den damaligen Verhältnissen der Erblasser vielfach dem willkürlichen Belieben des Erben oder Vermächtnisnehmers preisgegeben war, so musste er versuchen, seine Anordnungen auf andere Weise nach Möglichkeit zu sichern. Diese Sicherung konnte er einmal dadurch erreichen, dass er die Auflage zur Bedingung der Erbeinsetzung oder des Vermächtnisses machte. Inhalt der condicio war hiebei derselbe, wie sonst der des modus: Errichtung eines Grabmals, Veranstaltung von Spielen, Feiern von Erinnerungstagen. Denselben Schutz gewährte auch die Androhung einer multa. Es war dies eine Geldbusse, die der mit der Auflage Beschwerte dann erlegen musste, wenn er die Auflage nicht erfüllte. Das Geld musste an eine öffentliche Casse, an den Staat, eine Gemeinde oder an einen Tempel gezahlt werden. Ein letztes Mittel endlich, die Auflage gegen willkürliche Missachtung zu sichern war der Eid. Bedingung der Erbeinsetzung oder des Vermächtnisses war hier die Ableistung eines Eides, in dem sich der Erbe oder Vermächtnisnehmer verpflichtete, dem Befehle des Erblassers nachzukommen. Die Erfüllung dieses Eides konnte allerdings nicht erzwungen werden; aber es wurde doch der denkbar grösste moralische Druck auf die Person, welche den Eid geleistet, ausgeübt.

Eine weitere Art der letztwilligen Auflagen der klassischen römischen Zeit ist die letztwillige Stiftung. Hiebei darf man sich freilich nicht eine Art der Stiftungen unserer Zeit vorstellen. Die Stiftungen im heutigen Sinne sind bestimmten dauernden und nützlichen Zwecken unmittelbar zugeeignete Vermögensgesamtheiten mit selbständiger Persönlichkeit, deren Verwaltung durch physische Personen geschieht. Im Gegensatz hiezu setzt die römische Stiftung immer einen Belasteten voraus, durch welchen das Vermögen dem beabsichtigten nützlichen Zwecke dienstbar gemacht wird.

Eine ähnliche Wirkung, wie bei der Stiftung unserer Zeit, konnte nun in Rom thatsächlich durch die modale Anordnung hervorgebracht werden. In der älteren Zeit geschah dies in der Weise, dass der Erblasser dem Erben oder dem Vermächtnisnehmer eine jährliche Leistung an eine Gemeinde auferlegte und zugleich dieser Gemeinde die Verwendung zu einem bestimmten Zwecke vorschrieb. Dadurch, dass die Gemeinde juristische Person, also von ewiger Dauer war, bestand thatsächlich auch die Stiftung für immer. Wesentlich erleichtert wurde diese Art der letztwilligen Auflage, als seit H a d r i a n die Körperschaften das Vermächtnisrecht allmählich erhielten. Jetzt konnte einer solchen mit dem

Privileg des Vermächtnisrechts ausgestatteten Genossenschaft ein Vermächtnis zugewendet werden mit der Auflage, davon die beabsichtigte Anstalt ins Leben zu rufen. Auch hier war die ewige Dauer der Stiftung gesichert.

Man hat weiter auch versucht, eine Reihe anderer letztwilliger Verfügungen unter den Gesichtspunkt des Modus zu bringen. In dieser 3. Kategorie letztwilliger Auflagen sind vor allem die Fälle zu nennen, in denen zwei selbstständige Testamentsbestimmungen durch den Willen des Erblassers eine solch' enge Verbindung miteinander erhalten haben, dass die Rechtsgültigkeit, bezw. Nichtigkeit der einen Anordnung von der der anderen abhängt. So wird das Vermächtnis mit der Vormundsbestellung in der Weise verbunden, dass der Vermächtnisnehmer zugleich zum Vormunde ernannt wird. Oder der Erblasser wendet jemand ein Vermächtnis zu und legt dem Vermächtnisnehmer zugleich die Pflicht auf, die hinterbliebenen Kinder zu erziehen oder für seine Beerdigung Sorge zu tragen. Doch erscheint es nicht angebracht, diese Fälle allgemein unter die modalen Beschwerungen zu subsumieren, vielmehr wird es nötig sein, in jedem einzelnen Falle zu untersuchen, ob es wirklich Wille des Erblassers ist, dass der Bedachte die Zuwendung nur mit der Belastung erhalten solle.

Auch die der Erbeinsetzung und dem Vermächtnisse ausdrücklich beigefügten Beweggründe müssen noch in Betracht gezogen werden. Denn wenn sich der einem der beiden Rechtsgeschäfte beigefügte Beweggrund auf ein Thun des Bedachten richtet, nähert er sich der Auflage. Für die Erbeinsetzung, wie für das Vermächtnis gilt im allgemeinen die Regel, dass der Beweggrund gegenüber der ausdrücklichen Festsetzung des Erblassers nicht berücksichtigt wird. Hinsichtlich der Erbeinsetzung findet die Regel auch strenge Anwendung; bei den Vermächtnissen jedoch nur in der ersten Zeit. Später werden Ausnahmen gemacht. Das Vermächtnis, bei welchem ein Beweggrund ausgesprochen war, wurde nämlich dann nicht verwirklicht, wenn bewiesen werden konnte, dass der Erblasser nur aus diesem Motive habe vermachen wollen: si probetur alias testator legaturus non fuisse.

Damit sind die Fälle, in denen eine Auflage in der damaligen Zeit bei Rechtsgeschäften mortis causa vorkommen konnte, erschöpft.

Wenden wir uns zu den Rechtsgeschäften unter Lebenden, so haben wir im römischen Rechte im wesentlichen 2 unentgeltliche Rechtsgeschäfte, an welche sich eine Auflage anschliessen konnte: Die Freilassung und die Schenkung. Die Freilassung erscheint als das Geschenk der Freiheit. Als guter paterfamilias machte der römische Bürger das Geschenk zumeist nicht ohne jegliche Gegenleistung, sondern liess sich von dem Freizulassenden verschiedenartige Dienstleistungen versprechen. Jedoch eine Klage im Falle, dass der Freigelassene seine Zusage nicht erfüllte, gab es nicht. Auch die Wiederentziehung der Freiheit war infolge Mangelns eines derartigen Gesetzes ausgeschlossen; ein solches Gesetz wurde erst unter Commodus erlassen. Eine modale Beifügung verbot die Form des Rechtsgeschäftes, die vindicatio in libertatem, in welcher in älterer Zeit die Freilassung vorgenommen wurde. Infolge dessen musste man sich auch hier mit Auskunftsmitteln behelfen. Solche waren einmal die eidliche Zusage, dann das Versprechen in Form der stipulatio.

Dem anderen unentgeltlichen Rechtsgeschäfte unter Lebenden, der Schenkung, konnten im klassischen römischen Rechte ebenfalls keine formlosen Nebenverpflichtungen beigefügt werden. Die Stipulationsform, in welche nach älterem Rechte das Schenkungsversprechen gekleidet werden musste, liess dies nicht zu. Man suchte diesem Missstande dadurch zu begegnen, dass man den Geschenknehmer durch Stipulation versprechen liess, die Auflage zu erfüllen.

Wie wir sehen, kann im Anfange von einem einheitlichen Institut der Auflage gar keine Rede sein. Je nach der Art des einzelnen Rechtsgeschäftes ist auch die Art und Weise der Beifügung, der Name und die Geltendmachung verschieden.

Im weiteren Verlaufe der Kaiserzeit ging das Streben nach der jederzeitigen Möglichkeit der Rückgewähr, wie nach der Erzwingbarkeit der Leistung. Dem erstgenannten Zwecke diente das von Commodus erlassene Gesetz auf

Wiederentziehung der Freiheit, wenn der Libertus seinen Verpflichtungen nicht nachkam. Zum Zwecke der Erzwingbarkeit wurde auf die Schenkung das agere praescriptis verbis übertragen. Mit der actio praescriptis verbis konnte der Schenker auf Erfüllung des Modus klagen, wenn es sich um eine geldwerte Leistung handelte, zu welcher sich der andere Teil durch Annahme des Geschenkes verbunden hatte: l. 9, l. 22 C. de donat. 8, 53.

Auch ein Recht des Widerrufes von Schenkungen im Falle der Undankbarkeit des Freigelassenen: l. 1 Cod. de revocandis donationibus 8, 55 und wegen nachträglicher Geburt von Kindern des Patrons: l. 8 Cod. eodem bildete sich heraus.

Dieser unsichere Rechtszustand nahm erst ein Ende im Justinianischen Recht. Für die Ausführung der letztwilligen Auflage hatten jetzt die Erben zu sorgen; wenn ein öffentliches Interesse vorlag, konnte auch die Obrigkeit intervenieren: l. 50 § 1 Dig. de her. pet. 5, 3. Den Modus bei Schenkungen hatte der Schenker oder nach seinem Tode sein Erbe zu wahren. Wurde der Modus innerhalb der festgesetzten Zeit nicht erfüllt, so konnte der Schenker mit der condictio ob causam sein Geschenk zurückfordern: l. 3, l. 8 C. de cond. ob causam 4, 6. Bei der Auflage zu Gunsten eines Dritten hatte auch dieser die Klage auf Erfüllung: l. 3 C. de don. quae sub modo 8, 54. Der Sprachgebrauch wurde im Justinianischen Recht gleichfalls ein bestimmter. Als technische Bezeichnung für Auflage erscheint das Wort modus zum erstenmale in 3 Titelüberschriften im corpus iuris: Dig. 35, 1 de condicionibus et demonstrationibus et causis et modis eorum, quae in testamento scribuntur, ferner in Cod. 6, 45 de his, quae sub modo legata vel fideicommissa relinquuntur und endlich Cod. 8, 54 de donationibus, quae sub modo vel condicione, vel ex certo tempore conficiuntur. Dass erst von dieser Zeit an von „modus" als einem juristischen Kunstwort für Auflage gesprochen werden kann, weist Pernice in seinem Werke: Labeo, röm. Privatrecht Bd. III S. 12 nach.

Aus dem corpus iuris wurde das Rechtsinstitut der

Auflage in Deutschland recipiert; aus dem gemeinen Recht kam die Lehre von der Auflage in die grossen Codifikationen unseres Jahrhunderts, so auch in das bürgerliche Gesetzbuch. Wie sich die Auflage in diesem im Einzelnen gestaltet hat, auf welcher Grundlage die Regelung beruht, alles dies soll im Folgenden gezeigt werden.

I. Kapitel.

Der Begriff der Auflage und dessen Geschichte.

Das bürgerliche Gesetzbuch gibt keine Definition der Auflage, sondern setzt den Begriff derselben als bekannt voraus. Nun sind aber die Ansichten über den Begriff und den Charakter der Auflage im Laufe der Zeit durchaus nicht immer die gleichen geblieben. Diese aus der Verschiedenheit der Meinungen sich ergebende Entwickelung, welche das Institut der Auflage durchgemacht hat, muss deshalb einer näheren Betrachtung unterzogen werden, um ersehen zu können, wie das bürgerliche Gesetzbuch die Auflage auffasst. Mit Hülfe der Motive wird es möglich sein, die Stellung des Gesetzes zu den einzelnen Theorien zu bestimmen. Da anzunehmen ist, dass die grossen Kodifikationen nicht ohne Einfluss auf die Gestaltung unseres künftigen bürgerlichen Rechtes gewesen sind, so müssen wir beginnen mit der Zeit, in welche die erste grosse Kodifikation, das preuss. A.L.R. fällt, also mit dem Ende des vorigen Jahrhunderts.

Bis zu dieser Zeit hatte die gemeinrechtliche Lehre unter Auflage eine unentgeltlichen Vermögenszuwendungen unter Lebenden oder von Todeswegen beigefügte Anordnung verstanden, wonach der Empfänger gewisse Leistungen aus dem Zugewendeten oder aus seinem eigenen Vermögen machen sollte, ohne dass jedoch die Wirksamkeit der Zuwendung davon abhängig gemacht wurde. Die zu Ende des vorigen Jahrhunderts lebenden Pandektisten waren demgegenüber geneigt, den Begriff weiter zu fassen: so Glück in seinen Pandekten 4, 450 f; Günther: principia i. Rom. § 230; Thibaut in seinen Pandekten § 102. Man sprach damals von modus im Sinne von finis oder Endzweck und nahm an, dass der modus bei entgeltlichen und unentgeltlichen Rechtsgeschäften vorkommen könne. Zwei Arten des modus wurden dabei unterschieden: der modus qualificatus und der modus simplex. Als ersteren bezeichnete man den modus, welcher unentgeltlichen Zuwendungen unter Lebenden oder von Todeswegen beigefügt wurde. Unter dem modus simplex verstand man den Endzweck lediglich zum Nutzen des Empfängers meist einer unentgeltlichen Leistung. Praktisch von Bedeutung wurde der Unterschied zwischen den beiden Arten bei der Rückforderung. Der modus simplex, der mehr den Charakter eines wohlmeinenden Rates hatte, schloss die Möglichkeit der Rückforderung der Leistung für den Fall, dass dem Rate nicht Folge geleistet wurde, vollständig aus; beim modus qualificatus, der darüber hinausgehend den Bereicherten verpflichten wollte, musste Rückforderung statthaft sein.

Angenommen ist diese Lehre von den beiden Arten des modus von dem Gesetzbuch, welches in diese Zeit fällt. Das preuss. A.L.R. bespricht im 4. Titel des I. Teils neben den Bedingungen und Befristungen den Zweck oder Endzweck. Eine Definition wird uns in dem A.L.R. nicht gegeben, sondern nur eine Beschreibung, aus welcher sich ergibt, dass das Landrecht diejenige Auflage an den Empfänger, die dessen eigenen Vorteil im Auge hat, als Modus auffasst. Nur eine Art des modus: der modus simplex, wird mit dieser Bestimmung getroffen. Den modus qualificatus setzt das Gesetzbuch als bekannt voraus und beziehen sich auch die weiteren Bestimmungen auf die beiden Formen des modus.

Von der Ansicht, dass der Endzweck sowohl bei entgeltlichen, als auch unentgeltlichen Rechtsgeschäften vorkommen könne, ist man jetzt vollständig abgekommen. Denn bei einem gegenseitigen Vertrage bildet die von der einen Partei übernommene Auflage immer einen Teil der Gegenleistung. Als solche kann sie mit der Klage aus dem Vertrage erzwungen werden. Von einem Widerrufe des Vertrags wegen Nichterfüllung dieser sogenannten Auflage kann gewiss keine Rede sein.

Ebenso hat man die Unterscheidung in modus simplex und qualificatus wieder aufgegeben. Erwähnt wird dieselbe noch von Wächter in seinen Pandekten: 1, 410; ferner von Mühlenbruch: Pandekten § 111; doch sprechen beide Pandektisten nicht ausführlicher hierüber.

Allgemein gebräuchlich war es bis jetzt, die Auflagen mit den Bedingungen und Befristungen unter dem Ausdrucke „Nebenbestimmungen" zusammenzufassen. Und zwar bedienten sich dieser Ausdrucksweise die Gesetzgebungen, wie die Jurisprudenz überhaupt. Von mancher Seite wurde die Ansicht als unrichtig bekämpft. Man machte nämlich für die Verwerfung der Bezeichnung geltend, dass die Auflagen und Bedingungen und Befristungen für die Kontrahenten keineswegs etwas nur Nebensächliches seien, sondern ebenso wesentliche Bestandteile, wie z. B. die Eigenschaften des Kaufobjektes. Demgegenüber muss festgestellt werden, dass man jedenfalls in dem Sinne von „Nebenbestimmungen" sprechen kann, als weder Modus, noch Bedingung, noch Befristung zu den dem Begriffe des Geschäftes nach wesentlichen Punkten gehören. Also ist wohl, wenn auch in beschränktem Masse an der Bezeichnung festzuhalten.

Das bürgerliche Gesetzbuch macht von dem Ausdrucke keinen Gebrauch. Hinsichtlich der Bedingung und Befristung begründen die Motive Bd. I S. 249 dies damit, dass für eine Zusammenfassung unter einer einheitlichen Bezeichnung kein zwingendes Bedürfnis vorliegt und dass die Ausdrucksweise ja keineswegs einwandfrei ist. Die Art der Entstehung — der Ausdruck „Nebenbestimmungen" ist bekanntlich erst mit der Schöpfung des „allgemeinen Teils" der Pandekten aufgekommen — beweist die Richtigkeit dieser Gründe. Für die Auflage kann diese Bezeichnung nach der Auffassung des bürgerlichen Gesetzbuches gar nicht mehr in Betracht kommen. Denn wie aus dem § 2195 hervorgeht, hat die Auflage in unserem künftigen bürgerlichen Rechte eine selbständige Bedeutung. Infolgedessen kann sie auf die mit ihr verbundene Zuwendung nur mehr dann eine Wirkung äussern, wenn der Erblasser eine Einwirkung ausdrücklich wünscht.

Seit Savigny wird die Auflage, ebenso die Bedingung und Befristung als Selbstbeschränkung des Willens aufgefasst. Savigny ging dabei von der Ansicht aus, dass im Falle der Anordnung einer Auflage, Befristung oder Bedingung die Wirkungen der Rechtsgeschäfte mehr beschränkt werden, die betreffende Person will nur unter bestimmter Voraussetzung, welche sie sich selbst stellt. Hiegegen wurde eingewendet, dass der Ausdruck „Selbstbeschränkungen des Willens" zu weit sei, um als technisches Kunstwort zu gelten, da ein menschlicher Entschluss immer eine weitere Ausdehnung als möglich zulasse. Sieht man freilich mit Savigny den Umfang des Willens als Gegenstand der Selbstbeschränkung an, wird man sich gegen die Bezeichnung entscheiden. Denn auf den Umfang des Willens hat die Beschränkung gar keinen Einfluss: trifft die Voraussetzung zu, gilt auch der Wille in seinem vollen Umfang; fällt die Voraussetzung aus, äussert auch er keine Wirkung. Nimmt man jedoch als Gegenstand der Selbstbeschränkung das Dasein oder Nichtsein des Willens an, so wird man sich für Beibehaltung des Ausdrucks aussprechen.

Das bürgerliche Gesetzbuch erklärt sich denn auch der herrschenden gemeinrechtlichen Lehre folgend dahin, dass die einer Schenkung oder letztwilligen Zuwendung beigefügte Auflage eine Selbstbeschränkung der rechtsgeschäftlichen Wirkungen bedeute: Motive Bd. I S. 248.

Die jüngste der Theorien über die Auflage ist die Lehre Windscheids von der „Voraussetzung" aus dem Jahre 1850. Windscheid bezeichnet als Voraussetzung jede Vorstellung, durch die eine Person bestimmt wird, einen Vertrag abzuschliessen; mag sie nun angenommen haben, dass etwas bereits geschehen, gegenwärtig geschieht, oder künftig geschehen werde. Diese Annahme eines vergangenen, gegenwärtigen oder zukünftigen Umstandes kann ausdrücklich bei der Willensabgabe erklärt werden, sie kann sich aber auch ohne ausdrückliche Hervorhebung aus dem übrigen Inhalte der Willensäusserung von selbst als gewollt ergeben. Und nicht nur aus dem übrigen Inhalte, sondern auch aus den die Willenserklärung begleitenden Umständen kann die Voraussetzung, ohne dass sie ausdrücklich ausgesprochen wird, hervorgehen.

Windscheid macht in dieser Beziehung einen Unterschied zwischen Willenserklärungen unter Lebenden und solchen auf den Todesfall. Bei ersteren Willenserklärungen muss die Voraussetzung nicht nur überhaupt, sondern speziell von dem, zu dessen Gunsten die Willenserklärung abgegeben worden ist, erkannt worden sein. Für Willenserklärungen auf den Todesfall ist dagegen nur nötig, dass in dem Augenblicke, in dem sie rechtlich wirksam werden sollen, aus den begleitenden Umständen mit Bestimmtheit hervorgeht, dass der Erblasser nur unter der Voraussetzung einer bestimmten Gestaltung der Dinge den vorliegenden Willen erklärt habe.

Demnach handelt es sich bei der Voraussetzung um eine unentwickelte Bedingung und als solche um eine Willensbeschränkung. Durch Beifügung der Voraussetzung wird der Bestand des abgeschlossenen Rechtsgeschäftes, ähnlich wie bei der Bedingung von einem gewissen Zustand der Verhältnisse abhängig gemacht.

Diese „Voraussetzung" will nun Windscheid an die Stelle des Modus setzen.

Die Gegner der Theorie machen geltend, dass mit der allgemeinen Durchführung der Lehre von der Voraussetzung die Sicherheit und Zuverlässigkeit des Verkehrs auf das Aeusserste gefährdet würde. Was die Parteien festgestellt und beim Geschäftsabschlusse vereinbart haben, könnte dann durch eine einseitige Parteivorstellung, selbst wenn diese nicht einmal erklärt worden sei, wieder in Zweifel gestellt werden.

Das bürgerliche Gesetzbuch hat zu der Frage keine Stellung genommen.

Es entscheidet sich weder für die Auflage allein, noch für die Ersetzung derselben durch die allgemeinere Kategorie der Voraussetzung. In den Motiven Bd. I S. 248 u. 249 wird der Voraussetzung zwar Erwähnung gethan, aber zugleich wird erklärt, dass die Lehre von derselben infolge ihrer geringen Durchbildung und Entwickelung nicht geeignet sei, um auf derselben gesetzgeberische Bestimmungen aufzubauen. Nur in wenigen Fällen misst das Gesetzbuch der Voraussetzung rechtliche Bedeutung bei; besonders genannt werden müssen hier die §§ 812 ff., 779 u. 2078. Von diesen

Fällen abgesehen, hat die Voraussetzung, sofern sie nicht als Bedingung aufzufassen ist, nur die Bedeutung eines unwirksamen Beweggrundes.

Auch hinsichtlich der Auflage sieht das bürgerliche Gesetzbuch von allgemeinen Vorschriften ab und folgt damit, dass es die Grundsätze über die Auflage bei den einschlägigen Instituten erledigt, augenscheinlich dem Beispiele, wie es ihm durch eine Reihe von Gesetzen: dem code civil, dem sächs. und zürich. Gesetzbuche, sowie dem schweiz. Gesetze über das Obligationsrecht gegeben ist. Hinsichtlich der Schenkung finden sich die einzelnen Bestimmungen in den §§ 525—527, in Ansehung der letztwilligen Verfügungen in den §§ 2192 bis 2196.

Dies alles vorausgeschickt, wird sich der Begriff der Auflage im Sinne des bürgerlichen Gesetzbuches etwa gestalten, wie folgt:

„Auflage ist die als Selbstbeschränkung, aber nicht als Nebenbestimmung aufzufassende Anordnung bei einer unentgeltlichen Vermögenszuwendung, welche den Empfänger derselben mit der Verpflichtung zu einer gänzlichen oder teilweisen Verwendung des Empfangenen in genau vorgeschriebener Weise oder zu einer bestimmten Leistung aus seinem eigenen Vermögen belastet, ohne jedoch die rechtliche Wirksamkeit der Zuwendung davon abhängig zu machen."

Dass diese Definition der Auffassung des bürgerlichen Gesetzbuches thatsächlich entspricht, kann an der Hand des Gesetzes selbst geprüft werden. Vor allem kann die Auflage nur bei unentgeltlichen Rechtsgeschäften vorkommen. Dies ist daraus zu folgern, dass die Vorschriften über die Auflage ihre Erledigung bei den einschlägigen Instituten gefunden haben, sich jedoch Vorschriften hierüber nur bei der Schenkung und im Erbrechte vorfinden. Die Anordnung besteht in einer Verpflichtung zu einer Leistung: § 1940. In Anerkennung der grossen Bedeutung, welche eine letztwillig angeordnete Auflage hat, gibt das Gesetzbuch in dem angegebenen Paragraphen eine Definition der letztwilligen Auflage. Im § 1940 heisst es nun, dass der Erblasser den Erben oder einen Vermächtnisnehmer zu einer Leistung verpflichten kann. Diese Leistung kann sowohl in der gänzlichen oder teilweisen Verwendung des Empfangenen, als auch in einem Aufwand aus dem eigenen Vermögen bestehen. Die rechtliche Wirksamkeit der Zuwendung ist jedoch in keiner Weise durch die Auflage bedingt; ausgenommen natürlich den Fall, dass der Erblasser eine derartige Wechselbeziehung zwischen den beiden Verfügungen ausdrücklich angeordnet hat. Dies ergibt sich aus dem § 2195. Nach gemeinem Rechte, wie nach dem bürgerlichen Gesetzbuche: §§ 525, 2194 wird endlich der Empfänger durch Annahme des sub modo Gegebenen zur Erfüllung der Auflage verpflichtet.

So ist also der Begriff der Auflage nach dem bürgerlichen Gesetzbuche noch derselbe, wie nach gemeinem Rechte und ist nur die Charakterisierung der gemeinrechtlichen Auflage als Nebenbestimmung für unser künftiges bürgerliches Recht von der Hand zu weisen.

II. Kapitel.

Die Personen der Auflage.

Drei Arten von Personen kommen bei der Auflage in Betracht:

a) Die Auflagegeber oder diejenigen, welche eine Auflage anordnen können;

b) die Auflageträger oder die Personen, welche mit einer Auflage belastet werden können und

c) die Auflagenehmer oder die Personen, in deren Interesse eine Auflage angeordnet werden kann.

I. Was zunächst die Auflagen anlangt, welche Rechtsgeschäften unter Lebenden beigefügt werden können, so darf eine solche gem. § 525 von jedem angeordnet werden, welcher einer anderen Person durch Schenkung eine Vermögenszuwendung macht.

Fähig zur Errichtung einer letztwilligen Auflage ist nur derjenige, welcher sich auch einen Erben ernennen kann.

Das bürgerliche Gesetzbuch bestimmt diesbezüglich im § 2229, 2, dass ein Minderjähriger ein Testament erst errichten kann, wenn er das 16. Lebensjahr vollendet hat. Gerade an das 16. Lebensjahr wird vom Gesetze deshalb angeknüpft, weil einerseits in der C.P.O. § 435 und Str.P.O. § 56, 1 gewisse Befugnisse hinsichtlich des Eides mit dem 16. Lebensjahre verbunden sind, andererseits, weil erfahrungsgemäss mit dieser Altersstufe die erforderliche geistige Reife erlangt wird.

Die Regelung dieser Frage ist im geltenden Rechte sehr verschieden. Nach dem gem. Rechte: Dernburg Bd. III, § 67, 2a; Windscheid Pand. § 539, Anm. 4 ist die Befugnis mit dem vollendeten 14. bezw. 12. Lebensjahre verbunden, je nachdem es sich um Knaben oder Mädchen handelt. Das preuss. A.L.R. hat ebenfalls das vollendete 14. Lebensjahr als das entscheidende gewählt, ohne jedoch einen Unterschied je nach dem Geschlechte zu machen. Das Gesetz stellt aber in seinen §§ 17 u. 152 I, 12 in Ansehung des Verfügenden, welcher das 18. Lebensjahr noch nicht vollendet hat, eine erschwerte Form auf. Wenig verständlich ist die Vorschrift des code civil in Art. 904, dass Minderjährige überhaupt nur über die Hälfte ihres Vermögens letztwillig verfügen dürfen; denn warum sollte jemand, der für reif genug gehalten wird, über die Hälfte seines Vermögens zu verfügen, nicht auch über die andere Hälfte disponieren können.

II. In Ansehung der Personen, welche mit einer Auflage belastet werden können, ist in Uebereinstimmung mit dem bereits oben Bemerkten zu sagen, dass derjenige, welcher durch Schenkung, also unentgeltlich durch Rechtsgeschäft unter Lebenden etwas erwirbt, auch Träger einer Auflage sein kann. Dasselbe ist im geltenden Rechte der Fall: über donatio sub modo vergl. Windscheid Pand. § 368 i. f.; Förster, preuss. Privatrecht Buch II § 122, c.

Wenden wir uns zu den Rechtsgeschäften von Todeswegen, so sehen wir, dass im allgemeinen jeder, der durch den Tod des Erblassers und gemäss dessen Willen etwas erhält, mit einer Auflage beschwert werden kann. Im einzelnen sind hier zu nennen vor allem der Erbe und ferner der Vermächtnisnehmer: § 1940. Der Ausdruck „Erbe" begreift in sich einmal den Testamentserben, den Intestaterben und, da das bürgerliche Gesetzbuch den Erbvertrag aufgenommen hat, auch den Vertragserben: § 1941.

Ist zur Zeit des Erbfalles weder ein Verwandter, noch ein Ehegatte des Erblassers vorhanden, so ist der Fiskus des Bundesstaates, dem der Erblasser zur Zeit des Todes angehört hat, gesetzlicher Erbe. Es kommt sohin auch der Fiskus als Träger einer Auflage in Betracht.

Aus dem § 2301, 1 ist weiter zu entnehmen, dass die Auflage auch mit einer Schenkung auf den Todesfall verbunden werden kann.

Das geltende Recht erkennt die Möglichkeit der Beschwerung der genannten Personen gleichfalls an: Hinsichtlich des preuss. A.L.R. vergl. I, 12 §§ 61, 508–515; für das gemeine Recht Windscheid: §§ 556, 636, 662 u. 675 ff.

Wenn der Erblasser in seiner letztwilligen Verfügung Auflagen angeordnet, aber nicht ausdrücklich bestimmt hat, wem dieselben zur Last fallen, so hat gem. § 2147, 2 der Erbe die Beschwerungen zu tragen.

Bei dem grossen Kreise von Personen, die bei der letztwilligen Auflage in Betracht kommen, kann die Beschwerung sehr verschiedenartig gestaltet sein. So können mehrere Erben oder mehrere Vermächtnisnehmer mit derselben Auflage beschwert sein. Dann sollen nach den §§ 2192 u. 2148 die Erben nach dem Verhältnisse der Erbteile, die Vermächtnisnehmer nach dem Verhältnisse des Wertes der Vermächtnisse belastet sein. Diese Vorschrift soll „im Zweifel" Platz greifen, hat also nur einen dispositiven Charakter. Vor allem kommt es darauf an, was der Erblasser gewollt hat. Nicht getroffen werden durch diese Bestimmung die Fälle, in denen ein Erbe und ein Vermächtnisnehmer oder mehrere Erben und ein oder mehrere Vermächtnisnehmer belastet sind. Doch kann es natürlich nicht Aufgabe des Gesetzbuches sein, alle nur denkbaren Möglichkeiten zu berücksichtigen. Bei der Aufstellung der Bestimmungen in den §§ 2192 u. 2148 scheint sich das bürgerliche Gesetzbuch das preussische Landrecht zum Vorbilde genommen zu haben. Teil I Tit. 12 enthält in den §§ 289—293 Vorschriften gleichen Inhalts. Auch der code civil Art. 1017 bestimmt die Haftung nach Verhältnis der Erbteile, für die Vermächtnisnehmer Haftung nach Verhältnis des Zugewendeten. Bezüglich des gemeinen Rechtes ist eine Abweichung zu konstatieren; es lässt zwar die Erben nach Verhältnis ihrer Erbteile haften; aber die Vermächtnisnehmer müssen die Beschwerung stets zu gleichen Teilen tragen: Windscheid § 626, 2; Dernburg Bd. III § 103, 3.

Die viel erörterte Streitfrage, was zu geschehen habe, wenn der Erblasser alle oder einzelne seiner Erben bei der Belastung mit ihren Namen aufführt, ist im bürgerlichen Gesetzbuche nicht weiter berücksichtigt. Nicht mit Unrecht; denn die Meinung einzelner römischer Juristen, dass im Falle namentlicher Aufführung der Erben Kopfteilung eintreten müsse, da die Erben dann als Individuen, nicht in ihrer Eigenschaft als Erben belastet seien, ist schon frühzeitig zurückgewiesen worden.

Nach gemeinem Recht ergab sich ferner aus der Unteilbarkeit des Gegenstandes der Auflage eine Art solidarischer Verpflichtung der Belasteten. Eine diesbezügliche spezielle Vorschrift ist im bürgerlichen Gesetzbuche nicht vorhanden und muss deshalb auf die allgemeinen Vorschriften zurückgegangen werden. Aus dem § 431 ergibt sich, dass auch in unserem künftigen Rechte die Beschwerten solidarisch haften. In Ansehung der alternativen Beschwerung Mehrerer mit einer Auflage ist in Ermangelung einer Spezialbestimmung die Vorschrift des § 421 heranzuziehen.

In diesem Zusammenhang muss der § 2159 erwähnt werden, wonach der durch Anwachsung einem Vermächtnisnehmer anfallende Anteil in Ansehung der Auflagen, mit denen dieser oder der wegfallende Vermächtnisnehmer beschwert ist, als besonderes Vermächtnis gilt. Dasselbe bestimmt § 1935 für den gesetzlichen Erben, § 2095 für den Testamentserben. Haben diese Vorschriften hauptsächlich das Interesse des Beschwerten im Auge, indem sie eine Ueberlastung desselben verhindern und einen Schutz gegen Benachteiligung desselben durch Anwachsung eines überschwerten Erbteils bilden wollen, so verfolgt § 2161, welcher gemäss § 2192 entsprechende Anwendung auf die Lehre von der Auflage finden soll, lediglich das Interesse des Bedachten. Nach dem § 2161 bleibt eine Auflage, sofern nicht ein anderer Wille des Erblassers anzunehmen ist, wirksam, auch wenn der Beschwerte nicht Erbe oder Vermächtnisnehmer wird. Beschwert soll in diesem Falle derjenige sein, welchem der Wegfall des zunächst Beschwerten unmittelbar zu statten kommt. Durch diese Vorschrift wird das Bestehen der Auflagen vom Belieben der Beschwerten unabhängig gemacht. Das Gesetzbuch tritt mit diesem Grundsatz in Gegensatz zu dem gemeinen Recht. Denn hienach hängen Beschwerungen, wie Vermächtnisse und Auflagen in der Regel von dem Erwerb der Erbschaft seitens des eingesetzten Erben ab. Allerdings liess schon das gemeine Recht gewisse Ausnahmen zu. So schadete der Nichterwerb der Erbschaft durch den eingesetzten Erben dann nicht, wenn dieser zu dem Zwecke die Erbschaft nicht erwarb, um die Beschwerungen unwirksam zu machen; ferner wenn infolge des Nichterwerbs die Erbschaft an den Fiskus fiel: Windscheid § 641. Hievon abgesehen gilt auch im gemeinen Rechte das Prinzip, dass die wirksam bleibende Beschwerung derjenige zu tragen hat, dem der Wegfall des Beschwerten zu Gute kommt. Der § 2161 enthält wieder den Zwischensatz: „sofern nicht ein anderer Wille des Erblassers anzunehmen ist“ und deutet derselbe auf den dispositiven Charakter der Bestimmung hin. Die Vorschrift selbst ist nur eine Spezialanwendung des § 2085, der ganz allgemein bestimmt, dass die Unwirksamkeit einer von mehreren in einem Testament enthaltenen Verfügungen die Unwirksamkeit der übrigen Verfügungen nur zur Folge hat, wenn anzunehmen ist, dass der Erblasser diese ohne die unwirksame Verfügung nicht getroffen haben würde und erklärt sich daraus, dass das bürgerliche Gesetzbuch den römisch-rechtlichen Grundsatz: nemo paganus pro parte testatus, pro parte intestatus decedere potest, hat fallen lassen.

III. Zum Schlusse ist noch zu sprechen von den Auflagenehmern d. h. den Personen, in deren Interesse eine

Auflage angeordnet werden kann. Beginnen wir mit den Personen, welche mit einer letztwilligen Auflage bedacht werden können. Vom Erblasser kann zu Gunsten einer jeden Person, welche er auch zum Erben einsetzen könnte, eine Auflage angeordnet werden. Gem. § 1923 kann Erbe nur werden, wer zur Zeit des Erbfalles lebt. Derjenige, welcher zur Zeit des Erbfalls noch nicht lebte, aber bereits erzeugt war, gilt als vor dem Erbfalle geboren und kann daher ebenfalls zum Erben eingesetzt werden. Aus den Bestimmungen über das Vermächtnis wird der § 2178 herangezogen werden müssen, aus dem hervorgeht, dass der Bedachte zur Zeit des Erbfalls noch nicht erzeugt sein muss, und dass seine Persönlichkeit auch durch ein erst nach dem Erbfalle eintretendes Ereignis bestimmt werden kann.

Darüber hinausgehend kann der Erblasser eine Auflage auch lediglich in seinem eigenen Interesse anordnen. Derartige Auflagen sind: Bestimmungen über die Art des Begräbnisses, Ausstattung und Pflege des Grabes, Feier des Andenkens des Verstorbenen, Errichtung eines Denkmals, Erbauung eines Krankenhauses, Annahme des Namens des Erblassers.

Auch die Bestimmung einer Auflage, welche lediglich zu Gunsten des Beschwerten gereicht oder bei welcher nicht zu erkennen ist, dass irgend eine andere Person daran ein Interesse hat, ist möglich. Bei einer derartigen Auflage ist die Möglichkeit nicht ausgeschlossen, dass der Erblasser dem Beschwerten eine Verbindlichkeit auferlegen wollte. Diesem Willen des Erblassers kann nicht allein durch den Umstand, dass die Erfüllung lediglich das Interesse des Erfüllenden fördert und der Anordnende nur dies Interesse im Auge gehabt hat, jegliche Wirksamkeit, ein Schuldverhältnis zu begründen, genommen werden: vergl. Motive Bd. V S. 213. Es wird hier weiter auch eine Auflage als zulässig erklärt, an deren Vollziehung weder eine überlebende Person, noch der Erblasser und eine andere Person ein Interesse hat. Denn da das bürgerliche Gesetzbuch die Ausübung eines Rechtes auch dann erlaubt, wenn dieselbe als zwecklos, unverständig erscheint oder nur anderen Personen lästig ist und gem. § 226 die Ausübung nur unzulässig ist, wenn sie lediglich den Zweck haben kann, einem Anderen Schaden zuzufügen, kann einer solchen Auflage gegenüber keine Beschränkung geltend gemacht werden. Auch der Einwand, dass mit Zulassung einer derartigen Auflage dem Schuldner Unrecht geschieht, kann nicht vorgebracht werden, weil die Uebernahme der Beschwerung ganz von seinem Willen abhängt.

In Ansehung der Person des Bedachten gilt die Regel im bürgerlichen Gesetzbuche, dass dieselbe immer persönlich vom Erblasser bestimmt sein muss, und dass die Ueberlassung der Bestimmung an einen Anderen nicht zulässig ist: § 2065, 2. Eine Ausnahme von diesem Grundsatz enthält der § 2193. Der Erblasser kann nämlich hienach bei der Anordnung einer Auflage, deren Zweck er bestimmt hat, die Bestimmung der Person, an welche die Leistung erfolgen soll, dem Beschwerten oder einem Dritten überlassen. Dass der Erblasser wenigstens den Zweck bestimmt haben muss, erklärt wohl genügend, warum eine Bestimmung der Person entgegen der Regel des § 2065 durch den Erblasser selbst nicht erforderlich ist. Denn wenn der Zweck der Auflage angegeben ist, so ist indirekt mehr oder weniger genau auch die Person bestimmt; z. B. der Erblasser setzt jemand zum Erben ein mit der Auflage, dass derselbe ein Stipendium errichte, das dürftigen jungen Männern das Studium ermögliche oder nehmen wir die Auflage, dass der Erbe jährlich an Weihnachten eine Christbescherung für arme Kinder veranstalten solle.

Steht die Bestimmung der Person dem Beschwerten zu, so kann ihm, wenn er zur Vollziehung der Auflage rechtskräftig verurteilt ist, von dem Kläger eine angemessene Frist zur Vollziehung bestimmt werden. Nach dem Ablaufe der Frist ist der Kläger berechtigt, die Bestimmung zu treffen, wenn nicht die Vollziehung rechtzeitig erfolgt. Ist ein Dritter bestimmungsberechtigt, so hat er die Bestimmung durch Erklärung gegenüber dem Beschwerten zu treffen. Kann der Dritte die Bestimmung nicht treffen, so geht das Bestimmungsrecht auf den Beschwerten über. Bei Nichtausübung der

Wahl durch den Dritten geht erst nach fruchtlosem Ablauf der ihm auf Antrag des Beschwerten oder einer der Personen, welche die Vollziehung der Auflage zu verlangen berechtigt sind, gesetzten Frist das Wahlrecht auf den Beschwerten über.

Für die bei der Schenkung vorkommende Auflage gilt ebenfalls die Regel, dass sie zu Gunsten einer jeden Person angeordnet werden kann. Dass derselbe Grundsatz auch im gemeinen Recht gilt, geht aus Windscheid § 678 und aus l. 71 pr. Dig. 35, 1 hervor.

III. Kapitel.

Erfordernisse der Auflage.

Aus der in Kapitel I. aufgestellten Definition der Auflage geht hervor, dass es sich bei derselben um die Begründung der Verpflichtung zu einer Leistung handelt, von deren Erfüllung jedoch die rechtliche Wirksamkeit der Zuwendung, mit der die Auflage verbunden, nicht abhängig gemacht ist. Damit nun der Anordnende seinen Zweck auch thatsächlich erreicht und die Verpflichtung rechtlich wirksam entsteht, muss die den Gegenstand derselben bildende Leistung bestimmten Erfordernissen genügen. Sie muss nämlich

a) eine bestimmte,
b) eine mögliche sein und darf
c) weder gegen ein gesetzliches Verbot, noch
d) gegen die guten Sitten verstossen.

I. Vor allem ist erforderlich, dass die den Inhalt der Auflage bildende Leistung eine bestimmte ist.

Der einfachste Fall ist der, dass Inhalt und Umfang der Belastung von dem Anordner der Auflage selbst ausdrücklich, genau und vollständig festgestellt wird. Keine Obligation entspringt aus einer Anordnung, bei der beides in die Willkür des Belasteten oder eines Dritten gestellt ist: §§ 315 und 2065, 2.

In der Mitte liegen die Fälle, in denen die Leistung vom Anordner der Auflage weder absolut bestimmt bezeichnet, noch gänzlich unbestimmt gelassen wurde. Auch derartige Anordnungen lassen eine Verbindlichkeit für den Belasteten entstehen. So kann die Leistung einmal nur nach ihrer Gattung bezeichnet sein oder es soll von mehreren Sachen nur die eine oder die andere geleistet werden. Absolute Bestimmtheit liegt in beiden Fällen deshalb nicht vor, weil von vorneherein die einzelne Sache, die schliesslich geleistet wird, nicht bezeichnet ist; ebensowenig kann man von absoluter Unbestimmtheit sprechen. Denn es ist die Gattung oder die Menge oder auch nur ein genau abgegrenzter Umkreis angegeben.

Betrachten wir zuerst den Fall, dass nur die eine oder die andere Sache geleistet werden soll: die Alternativobligation. Sowohl die einer Schenkung beigefügte, als auch die mit einer letztwilligen Zuwendung verbundene Auflage kann alternativ bestimmt sein. In Ansehung der letzteren Art von Auflagen wird die Zulässigkeit der alternativen Bestimmung der Leistung noch besonders konstatiert im § 2154, der gemäss § 2192 auf die Auflage entsprechende Anwendung finden soll.

Wie schon aus dem oben Bemerkten hervorgeht, ist es bei der Alternativobligation zunächst unbestimmt, welchen Gegenstand der Beschwerte zu leisten hat. Es entsteht daher die Frage, wer das Recht hat, unter den einzelnen benannten Gegenständen zu wählen.

Zur Beantwortung dieser Frage müssen die in den §§ 262—265 enthaltenen allgemeinen Bestimmungen herangezogen werden.

Der § 262 bestimmt, dass das Wahlrecht im Zweifel der Schuldner haben soll, denn er muss erfüllen und kann daher auch entscheiden, mit welchem Gegenstand er seine Verbindlichkeit erfüllen will. Der Schuldner ist jedoch nur „im Zweifel" wahlberechtigt. Der Anordner der Auflage kann das Recht auch dem Bedachten geben; auf Grund der §§ 317 u. 2154 S. 2 auch einem Dritten. Dass zunächst der Schuldner das Wahlrecht haben soll, erkennt auch das gemeine Recht an: Windscheid § 255, 1; Dernburg: Bd. II § 27, I; ebenso das preuss. A.L.R. I, 5 § 274. Nach diesen Rechten ist es ebenfalls den Parteien unbenommen, das Wahlrecht dem Gläubiger zu übertragen.

Die Erklärung über die Wahl ist abzugeben vom Belasteten gegenüber dem Bedachten, ebenso im umgekehrten Falle: § 263, 1; seitens des wahlberechtigten Dritten hat die Erklärung dem Beschwerten gegenüber zu erfolgen: § 2154 S. 2 bezw. gegenüber einem der Vertragschliessenden § 318, 2.

Sonach sieht das bürgerliche Gesetzbuch die Wahl als ein einseitiges Rechtsgeschäft an, das dem anderen Teile gegenüber vorgenommen werden muss und das nicht davon abhängt, dass dieser die Wahl acceptiert. Ausserdem erachtet das Gesetzbuch den Wählenden an die vorgenommene Wahl als gebunden. Ein ius variandi gibt es nicht. Da über die Art der Wahl nichts gesagt ist, unterliegt dieselbe keiner Form und kann ebensowohl ausdrücklich wie auch stillschweigend erfolgen. Im Entwurf I war die Bestimmung enthalten: Die Wahl gilt auch dann als vollzogen, wenn der wahlberechtigte Schuldner eine der Leistungen, sei es auch nur teilweise bewirkt oder wenn der wahlberechtigte Gläubiger eine der Leistungen, sei es auch nur teilweise, angenommen hat. In den Entwurf II ist die Vorschrift jedoch nicht übergegangen, weil damit nur ein besonderer Fall stillschweigender Wahlerklärung hervorgehoben war und ausserdem die Fassung der Vorschrift Anstoss erregte.

Ein wichtiges Prinzip enthält der § 263 in seinem Absatz 2. Darnach gilt die gewählte Leistung als die von Anfang an allein geschuldete. Es tritt also mit der Erklärung der Wahl eine Konzentration des Schuldverhältnisses auf die gewählte Leistung ein und zwar mit Rückwirkung auf die Zeit der Begründung des Schuldverhältnisses. Mit Aufstellung dieses Grundsatzes tritt das Gesetzbuch in Widerspruch mit dem gemeinen Recht, wenigstens was die herrschende Auffassung betrifft: Windscheid § 255, 1 Nr. 3 Note 9. Hingegen teilt Jhering für das gemeine Recht und auch das preussische Recht: Förster, preuss. Privatrecht § 65 Note 19 den Standpunkt des bürgerlichen Gesetzbuches.

Eine Verpflichtung des Wahlberechtigten, die Wahl vorzunehmen, existiert nicht. Nach der heute herrschenden

Ansicht verliert weder der Gläubiger, noch der Schuldner durch Verzug das Recht, sich für den einen oder anderen Gegenstand zu entscheiden: Dernburg, Pand. Bd. II § 27, 1, b; Windscheid § 255 Note 11; Förster: preuss. Privatrecht Bd. I S. 386 Note 31. Es muss aber einen Weg geben, auf dem im Falle des Wahlrechts des Schuldners der Gläubiger in Uebereinstimmung mit den Vorschriften des Prozessrechtes ohne Benachteiligung des Schuldners zu seiner Befriedigung gelangen kann. Diesem Zwecke dient die Bestimmung im § 264, 1. Hienach wird das Wahlrecht des Schuldners auch durch die Einleitung der Zwangsvollstreckung noch nicht ausgeschlossen. Nimmt jedoch der Schuldner die Wahl auch dann noch nicht vor, so kann der Gläubiger die Zwangsvollstreckung nach seiner Wahl auf die eine oder die andere Leistung richten. Selbst zu dieser Zeit kann sich aber der Schuldner, solange nicht der Gläubiger die gewählte Leistung ganz oder zum Teil empfangen hat, durch eine der übrigen Leistungen von seiner Verbindlichkeit befreien. Im Absatz 2 des genannten Paragraphen 264 wahrt das Gesetzbuch in der gleichen Weise das Interesse des Schuldners gegen Verzögerung seitens des wahlberechtigten Gläubigers. Im Falle des eingetretenen Verzugs, kann der Schuldner den Gläubiger zur Vornahme der Wahl auffordern und demselben eine angemessene Frist setzen, innerhalb welcher die Wahl vorzunehmen ist. Ueber eine „angemessene" Frist hat gegebenenfalls richterliches Ermessen zu entscheiden. Erst nach Ablauf dieser Frist geht das Wahlrecht auf den Schuldner über. Aus den Motiven Bd. II S. 8 ist weiter zu entnehmen, dass die Vorschriften in § 264 auch gelten sollen, wenn auf der wahlberechtigten Seite mehrere Personen stehen und diese sich über die zu treffende Wahl nicht einigen können.

Wenn bei der einer Schenkung beigefügten Auflage der berechtigte Dritte die Bestimmung nicht treffen kann oder will oder wenn er sie verzögert, ist bezüglich der Wirkung zu unterscheiden, ob der Dritte die Leistung nach billigem Ermessen bestimmen — und dies ist ja im Zweifel gem. § 317 zu vermuten — oder ob der Dritte die Bestimmung nach freiem Belieben treffen sollte. Im ersteren Falle erfolgt die Bestimmung durch Urteil; im letzteren Falle ist der Vertrag unwirksam. Diese Unterscheidung ist erst bei der zweiten Lesung in das Gesetzbuch aufgenommen worden. Der Entwurf erklärte, wenn der Dritte die Bestimmung nicht treffen konnte, oder nicht treffen wollte oder dieselbe verzögerte, stets den Vertrag für unwirksam, sofern nicht ein anderer Parteiwille erhellte. Bei der zweiten Lesung nahm man an, dass bei Bestimmung der Leistung nach freiem Belieben die Parteien auf die Bestimmung gerade dieses Dritten entscheidendes Gewicht legten und von dessen Bestimmung die Gültigkeit des Vertrags abhängig machen wollten. Wenn sie dagegen die Bestimmung der Leistung in das billige Ermessen des Dritten stellten, dann gehe die Absicht der Parteien in den meisten Fällen dahin, dass, wenn der Dritte, dem sie besonders vertrauten und den sie deshalb angerufen hätten, eine Entscheidung nicht treffen könne oder wolle, die Entscheidung des Gerichts an die Stelle treten sollte.

Teilweise anders verhält es sich bei der letztwilligen Auflage. Hier geht das Wahlrecht, wenn der Dritte die Wahl nicht treffen kann, in Uebereinstimmung mit den allgemeinen Vorschriften auf den Beschwerten über: § 2154, 2. Verzögert aber der Dritte die Wahl, so hat die Vorschrift des § 2151, 3 entsprechende Anwendung zu finden. Es kann dann nämlich das Nachlassgericht dem Dritten auf Antrag eines der Beteiligten eine Frist zur Abgabe der Erklärung bestimmen und erst, wenn die Frist verstrichen ist und die Erklärung innerhalb derselben nicht abgegeben wurde, geht das Wahlrecht auf den Beschwerten über.

Nach gemeinem Rechte ist in der Regel die persönliche Entscheidung des Dritten notwendig und für den Vertrag Bedingung: Dernburg Bd. II § 27; Windscheid § 255, 2.

Das preuss. A.L.R. kennt von dem Grundsatze, dass dem Schuldner die Wahl zusteht, zwei Ausnahmen. Die eine derselben, bei welcher der Herrschaft gegenüber den zu Leistungen alternativ verpflichteten Gutsunterthanen die Wahl gebührt, hat infolge Durchführung der

Ablösungsgesetzgebung jegliches praktische Interesse verloren: s. § 424, II, 7. Die andere Ausnahme betrifft den Fall, dass aus einem Kaufvertrage nicht zu ersehen ist, welcher der beiden Vertragsteile die Wahl zu treffen habe. Es soll dann der Käufer, also der Gläubiger berechtigt sein, die Wahl vorzunehmen. Gegenüber der letzteren Ausnahme ist zu bemerken, dass sie durch nichts gerechtfertigt erscheint und das bürgerliche Gesetzbuch mit Recht eine derartige willkürliche Durchbrechung des Prinzips, dass im Zweifel dem Schuldner die Wahl gebührt, abweist. Nach preussischem Landrecht steht dem Schuldner die Wahl frei bis zum Moment der wirklichen Erfüllung oder bis zu dem Augenblicke, in dem er dem Gläubiger eine bindende Erklärung über seine Auswahl abgegeben hat; bis zu demselben Zeitpunkte oder bis zum Augenblicke der Klageerhebung kann auch der Gläubiger von seinem Wahlrechte Gebrauch machen.

Die Frage, ob auf denjenigen, welcher an die Stelle des Bedachten oder des Beschwerten tritt, auch das diesen Personen zustehende Wahlrecht übergeht, ist im bürgerlichen Gesetzbuche nicht entschieden.

Die neuere Auffassung: Unger § 76 Anm. 1, 5 geht dahin, dass das Wahlrecht nur eine Eigenschaft der Forderung ist und daher sowohl bei der Rechtsnachfolge, als auch bei der Anwachsung mit der Forderung übergeht. Doch kann der Erblasser das Wahlrecht als ein höchst persönliches bezeichnen und den Uebergang ausschliessen.

Das preuss. A.L.R. § 394 I, 12 sieht auch den Fall vor, wenn mehrere Personen unter denselben Gegenständen zu wählen haben und diese sich über die Reihenfolge der Wahl nicht verständigen können. Es soll dann die Reihenfolge durch das Los bestimmt werden. Die Motive: Bd. V, S. 172 weisen nicht mit Unrecht die Bestimmung als in das Gebiet der Kasuistik gehörig und nicht durch Gesetz zu regeln zurück.

Ueber die Folgen, welche sich aus der Unmöglichkeit einer der mehreren Leistungen ergeben, entscheidet der § 265, im Wesentlichen im Sinne des gemeinen Rechts. Das bürgerliche Gesetzbuch fasst die Möglichkeit der Wahl zwischen mehreren Leistungen nicht als einen solch wesentlichen Bestandteil des Schuldverhältnisses auf, dass das ganze Verhältnis wegfallen würde, wenn eine Beschränkung der Wahl dadurch eintritt, dass eine der Leistungen von Anfang oder später unmöglich wird, wie dies das preuss. A.L.R. bestimmt. Hier gilt die Wahl als nicht mehr möglich, wenn der Kreis der einzelnen möglichen Leistungen sich durch einen Zufall verringert. In unserem künftigen bürgerlichen Recht hat vielmehr die Unmöglichkeit der einen Leistung die Konzentration des Schuldverhältnisses auf die noch möglichen Leistungen zur Folge. Das Gesetzbuch unterscheidet zwischen der Unmöglichkeit, die von Anfang an vorhanden ist und derjenigen, welche erst später eintritt. Ist eine der alternativ den Gegenstand einer Auflage bildenden Leistungen von Anfang an unmöglich, so wäre die Anordnung eigentlich teilweise nichtig und müsste daher § 139 zur Anwendung kommen. Gem. § 265 aber bleibt das Schuldverhältnis vollwirksam und beschränkt sich nur auf die übrigen Leistungen. Sind die sämtlichen Leistungen von Anfang an unmöglich, so ist das Schuldverhältnis nichtig: § 306. Tritt die Unmöglichkeit erst später d. h. erst nach Entstehung des Schuldverhältnisses ein, so ist die Wirkung verschieden, je nachdem die Wahl zusteht, dem mit der Auflage Beschwerten, oder dem damit Bedachten und je nachdem die Unmöglichkeit erfolgt durch einen Umstand, den der eine oder andere Teil zu vertreten hat. Betrachten wir zuerst die verschiedenen Möglichkeiten, wenn dem Beschwerten die Wahl zusteht. Tritt die Unmöglichkeit ein infolge eines Umstandes den weder er, noch der Bedachte zu vertreten hat, dann findet nach § 265, 1 Konzentration auf die noch möglichen Leistungen statt. Dasselbe erfolgt, wenn die eine der Leistungen infolge eines vom Schuldner zu vertretenden Umstandes unmöglich wird. Bei Unmöglichkeit einer der Leistungen infolge eines vom Bedachten zu vertretenden Umstandes tritt die Konzentration gem. § 265, 2 nicht ein. Der wahlberechtigte Schuldner kann gerade die unmöglich gewordene Leistung wählen und ist dann im Hinblick auf die §§ 263, 2 u. 275 von der Verpflichtung zur Leistung frei. Im Falle der Wahl einer der noch möglichen Leistungen von Seite des Schuldners kann dieser vom Bedachten Ersatz für den ihm zugefügten Schaden verlangen. Steht dem Bedachten das Wahlrecht zu und eine der Leistungen wird unmöglich infolge eines von keinem Teile zu vertretenden Umstandes, so tritt ebenfalls Konzentration auf die noch möglichen Leistungen ein. Eine solche Beschränkung erfolgt nicht bei Unmöglichwerden durch einen vom Beschwerten zu vertretenden Umstand. Dem Gläubiger steht es frei, auch die unmöglich gewordene Leistung zu fordern und kann er dann gem. § 280 ff. Schadenersatz verlangen. Die Konzentration findet ferner statt, wenn der Gläubiger den Umstand zu vertreten hatte. Doch kann unter Umständen der Schuldner wegen der unmöglich gewordenen Leistung Ersatzansprüche gegen den Gläubiger geltend machen. Sind sämtliche alternativ geschuldete Leistungen unmöglich geworden, so ergibt sich aus dem § 265, 1 in Verbindung mit § 275, dass der Beschwerte von seiner Verpflichtung ganz befreit wird.

Das Konzentrationsprinzip des § 265 wird auch vom gemeinen Rechte aufgestellt: Windscheid § 255, 5; Dernburg Bd. II § 27, 1 i. f. und kommt man auch in Ansehung der vorhin erörterten einzelnen möglichen Fälle für das gemeine Recht zu ähnlichen Resultaten.

Die zweite der beiden obengenannten Möglichkeiten besteht darin, dass der Anordner einer Auflage den den Inhalt ihrer Leistung bildenden Gegenstand nur der Gattung nach bestimmt hat. In Ansehung der einer Schenkung beigefügten Auflage ergibt sich die Zulässigkeit einer derartigen Bestimmung aus der allgemeinen Bestimmung des § 243; hinsichtlich der letztwilligen Auflagen wird die Zulässigkeit ausdrücklich konstatiert in den §§ 2192 u. 2155.

Zunächst ist hier zu bemerken, dass die Vorschrift des § 243 sich nur auf die generischen Schuldverhältnisse bezieht, welche zum Gegenstand die Leistung einer Sache haben. Die Motive konstatieren im Bd. II S. 10, dass generische Obligationen, deren Gegenstand eine Handlung ist, wie sie für das gemeine Recht von Windscheid § 255 Nr. 16, ferner von Goldschmidt in seinem Lehrbuche des Handelsrechtes II S. 16 besprochen werden, nicht unter den § 243 fallen. Besondere Regeln über diese Obligationen enthält das bürgerliche Gesetzbuch nicht und sind solche ja auch infolge der Seltenheit des Vorkommens derartiger Schuldverhältnisse entbehrlich. Der § 2155 spricht ebenfalls nur von der vermachten Sache.

Ob die sog. gemischten generischen Obligationen unter den § 243 zu subsumieren sind, hängt davon ab, in welchem Sinne sie gemeint sind. Als eine besondere Klasse fasst das bürgerliche Gesetzbuch diese Schuldverhältnisse nicht auf, sondern teilt sie entweder den alternativen oder generischen Obligationen zu. In der Mehrzahl der Fälle wird anzunehmen sein, dass nur eine speziellere Bezeichnung der Gattung beabsichtigt ist und wird dann § 243 Anwendung zu finden haben.

Auch bei der generischen Obligation besteht eine Unbestimmtheit hinsichtlich der Sache, welche thatsächlich geleistet werden soll. Wie bei der alternativen Obligation wird die Unbestimmtheit durch Auswahl beseitigt, welche hier aus der vom Anordner der Auflage bezeichneten Gattung stattfindet. Als Normalfall denkt sich das bürgerliche Gesetzbuch, wie aus dem § 243 hervorgeht, dass dem Schuldner das Recht der Wahl zusteht. Darüber, wie es zu halten ist, wenn der Bedachte bei der einer Schenkung beigefügten Auflage das Wahlrecht ausüben soll, stellt das bürgerliche Gesetzbuch keine Vorschriften auf. Nach den Motiven: Bd. II S. 11 soll die Entscheidung in solchen Fällen, die ja immerhin sehr selten vorkommen werden, der Wissenschaft und Praxis überlassen bleiben. Häufiger wird der Fall bei der letztwilligen Auflage vorkommen. Gem. § 2155, 2 sollen in diesem Falle und ebenso dann, wenn die Bestimmung der Sache einem Dritten übertragen ist, die oben bei der alternativen Bestimmung erörterten Vorschriften Platz greifen. Wenn die Bestimmung der Auflage, welche einer Schenkung hinzugefügt ist, einem Dritten überlassen ist, haben auch die bereits bei der Alternativobligation besprochenen §§ 317—319 Anwendung zu finden.

In Ansehung des zu liefernden Gegenstandes ist der Beschwerte nicht vollständig unbeschränkt. Vielmehr hat der Belastete in Ermangelung einer speziellen Bestimmung eine Sache von mittlerer Art und Güte zu leisten. Bei der letztwilligen Auflage ist diese Beschränkung eine noch weitergehende. Der § 2155, 1 schreibt vor, dass eine den Verhältnissen des Bedachten entsprechende Sache zu leisten sei. Diese Einschränkung hat natürlich auch dann Kraft, wenn der Bedachte oder ein Dritter die Wahl treffen soll. Die Aufstellung der speziellen Vorschrift für die letztwilligen Auflagen erklärt sich daraus, dass die Anwendung des § 243 in den meisten Fällen ein Resultat ergeben würde, das den mutmasslichen Intentionen des Erblassers nicht entsprechend wäre.

Das preuss. A.L.R. § 404, I, 12 verlangt die Leistung einer dem Stande und der Notdurft des Empfängers angemessenen Sache. Die allgemeine Vorschrift des preussischen Landrechts geht ebenfalls dahin, dass eine Sache mittlerer Art und Güte zu leisten ist: I, 5 § 275. Nach dem gemeinen Rechte darf im Falle einer Genusschuld innerhalb der angegebenen Gattung auch die geringste Sorte geleistet werden, jedoch keine mit Mängeln behaftete Sache: Dernburg, Bd. II, § 25.

Eine wichtige und viel bestrittene Frage wird im Absatz 2 des § 243 zum Austrag gebracht. Hat nämlich der Schuldner das zur Leistung einer Sache von mittlerer Art und Güte seinerseits Erforderliche gethan, so beschränkt sich das Schuldverhältnis auf diese Sache. Mit Aufstellung dieser Bestimmung erklärt sich das bürgerliche Gesetzbuch für die sog. Lieferungstheorie, auch Erfüllungstheorie genannt. Der Entwurf I hatte ebenfalls schon die Erfüllungstheorie acceptiert, jedoch gegenüber der jetzigen Gestaltung mit einer in praktischer Beziehung sehr wichtigen Modifikation. Nach dem Entwurf I galt nämlich die Auswahl als vollzogen, wenn die Leistung durch die Uebergabe der gewählten Sache bewirkt und damit die Gefahr auf den Gläubiger übergegangen war. Diese Regelung erschien als eine. zu eng begrenzte. Es gilt daher jetzt die Auswahl als vollzogen, wenn der Schuldner seinerseits das Erforderliche gethan hat und die Sache von mittlerer Art und Güte ist. Wann das Erforderliche gethan ist, bestimmt sich nach der Art des in Frage stehenden Schuldverhältnisses. Der mit einer Auflage Beschwerte hat jedenfalls dann das Erforderliche gethan, wenn er die von ihm gewählte Sache von mittlerer Art und Güte dem Bedachten in solcher Weise anbietet, dass dieser durch Nichtannahme in Verzug kommt. Erst in diesem Augenblicke geht die Gefahr auf den Bedachten über: § 300, 2. Soll der Beschwerte dem Bedachten die Sache bringen, so ist das Erforderliche vom Schuldner erst dann gethan, wenn die Sache bei dem Bedachten angekommen, ihm also angeboten ist.

Im gemeinen Recht stehen sich die Lieferungs- und Ausscheidungstheorie gegenüber: Windscheid § 255 Note 20; Dernburg Bd. II, § 96 Note 9.

Bezüglich der Haftung des Beschwerten ist hier speziell noch zu bemerken, dass auch das bürgerl. Gesetzbuch: § 279 den Grundsatz des gemeinen Rechts angenommen hat, wonach der Zufall, welcher eine Sache trifft, den Schuldner einer Genusschuld nicht befreit.

Hervorgerufen durch die besonderen bei der letztwilligen Auflage obwaltenden Verhältnisse ist der Absatz 3 des § 2155. Wenn die von dem Bedachten oder dem Dritten getroffene Bestimmung den Verhältnissen des Bedachten offenbar nicht entspricht, so hat der Beschwerte so zu leisten, wie wenn der Erblasser über die Bestimmung der Sache keine Anordnung getroffen hätte. Besonderer Nachdruck ist bei dieser Vorschrift auf den Ausdruck: „offenbar nicht“ zu legen. Es soll damit gesagt werden, dass nicht jede abweichende Auffassung, was den Verhältnissen des Bedachten entspricht, sondern nur ein Missbrauch der übertragenen Wahlbefugnis, oder ein grober Irrtum des Wahlberechtigten zur Anwendung des Absatzes 3 berechtigt. Hat die Bestimmung Anwendung zu finden, so wird so verfahren, als ob der Erblasser bezüglich der zu leistenden Sache gar keine Anordnung getroffen hätte und geht daher das Wahlrecht auf den Beschwerten über. Will sich der Bedachte mit dem von dem Beschwerten ausgewählten Gegenstande nicht zufrieden geben, wird richterliches Ermessen zu entscheiden haben.

Einen dritten Fall endlich, in dem der Anordner einer Auflage die den Inhalt derselben bildende Leistung nicht unmittelbar genau und deutlich bestimmt hat und in dem trotzdem für den Beschwerten eine Obligation entsteht, enthält hinsichtlich der einer Schenkung beigefügten Auflage der § 315 u. ff.; in Ansehung der letztwilligen Auflage die §§ 2192 u. 2156. Nach den §§ 315 u. 317 kann die Bestimmung der Leistung dem billigen Ermessen eines der Vertragschliessenden oder eines Dritten überlassen sein. Auch bei der letztwilligen Auflage kann der Erblasser die Bestimmung der Leistung dem billigen Ermessen des Beschwerten oder eines Dritten anheimstellen. Bei der letztwilligen Auflage haben wir jedoch hiebei eine Modifikation: vom Erblasser muss wenigstens der Zweck der Auflage bestimmt sein. Denn bei einer letztwilligen Verfügung, bei welcher nicht einmal der Zweck bestimmt ist, kann nicht beurteilt werden, ob die Entscheidung nach billigem Ermessen getroffen ist und ist auch eine eventuell erforderliche richterliche Nachprüfung ausgeschlossen.

Die Bestimmung der Leistung erfolgt durch Erklärung gegenüber dem anderen Teile; der Dritte kann die Erklärung jedem der beiden Teile gegenüber abgeben. Die einmal getroffene Bestimmung ist unwiderruflich. Eine in Entwurf I § 353, 2 dahin gehende ausdrückliche Vorschrift wurde von der zweiten Kommission als selbstverständlich gestrichen. Soll die Bestimmung nach billigem Ermessen erfolgen, so ist die getroffene Entscheidung für den anderen Teil nur verbindlich, wenn sie der Billigkeit entspricht: § 315, 3. Denn nur eine solche Bestimmung ist vertragsgemäss. Entspricht die Bestimmung diesem Erfordernisse nicht, so tritt ohne Weiteres an die Stelle der Entscheidung durch den Berechtigten die Bestimmung durch Urteil. Im Falle der Verzögerung der Bestimmung erfolgt ebenfalls die Entscheidung durch das Gericht. Im Gegensatze zu den Motiven Bd. II S. 192 war man darüber einverstanden, dass der Gegner des Bestimmungsberechtigten nicht einen besonderen Rechtsstreit auf Feststellung der billigen Leistung anzustellen braucht, und dass die richterliche Entscheidung über die

Frage, welche Leistung billig ist, regelmässig in dem Rechtsstreite über die Leistungsfrage zu treffen sein wird. Die Zulässigkeit einer besonderen Feststellungsklage bestimmt sich lediglich nach den prozessrechtlichen Vorschriften.

Dass das Ermessen des Dritten oder der Dritten: § 317, 2 ein freies oder billiges sein kann und welche Folgen es hat, wenn der Dritte die Bestimmung nicht treffen kann, oder will, oder wenn er dieselbe verzögert, wurde bereits oben näher ausgeführt. Hervorzuheben ist noch, dass die Anfechtung der von dem Dritten getroffenen Bestimmung wegen Irrtums, Drohung oder arglistiger Täuschung nur den Vertragschliessenden zusteht. Anfechtungsgegner ist der andere Teil. Die Anfechtung muss unverzüglich erfolgen, nachdem der Anfechtungsberechtigte von dem Anfechtungsgrunde Kenntnis erlangt hat. Ist die von dem Dritten getroffene Bestimmung anfechtbar und wird dieselbe von einem der Berechtigten angefochten, so gilt sie als von Anfang an nichtig: § 142. Das Verhältnis wird dann so angesehen, wie wenn die Bestimmung überhaupt nicht erfolgt wäre.

Auch im gemeinen Rechte haben wir den Grundsatz, dass die Unbestimmtheit nicht eine derartige sein darf, dass der Schuldner willkürlich entscheiden und sich auch aller Leistungspflicht entziehen kann. Wohl aber ist es möglich, dass die Bestimmung der Leistung in das Ermessen eines der Kontrahenten, eines Dritten oder in das richterliche Ermessen gestellt ist: Windscheid §§ 254, 314, 1; Dernburg Bd. II § 15. Das gleiche Prinzip ergibt sich aus dem preussischen Landrecht: preuss. A.L.R. I, 5 § 71: „Verträge, deren Gegenstand sich gar nicht bestimmen lässt, oder deren Bestimmung oder Erfüllung der Willkür des Verpflichteten lediglich überlassen ist, sind unverbindlich."

II. Die den Gegenstand einer Auflage bildende Leistung muss nun nicht nur genügend bestimmt, sondern dieselbe muss auch möglich sein. Etwas Unmögliches kann nicht geleistet werden. Das bürgerliche Gesetzbuch unterscheidet zwischen objektiver und subjektiver Unmöglichkeit. Unter objektiver Unmöglichkeit ist der Fall zu verstehen, dass die Leistung überhaupt von niemand bewirkt werden kann,

z. B. wenn der mit der Auflage Beschwerte eine Sache liefern soll, welche gar nicht existiert. Subjektiv unmöglich ist die Leistung dann, wenn sie der betreffende Beschwerte nicht bewirken kann, z. B. wenn er einen Gegenstand leisten soll, welchen er nicht besitzt.

Das bürgerliche Gesetzbuch spricht ferner teils von der Unmöglichkeit der Leistung, teils von dem Unvermögen des Schuldners zur Leistung. Mit ersterem Ausdrucke bezeichnet das Gesetzbuch die objektive, mit dem letzteren die subjektive Unmöglichkeit. Wenn die subjektive Unmöglichkeit nach der Entstehung des Schuldverhältnisses eintritt, steht sie der objektiven Unmöglichkeit gleich: § 275, 2.

Die rechtlichen Folgen sind verschiedene, je nachdem es sich um eine Unmöglichkeit handelt, die schon zur Zeit der Begründung des Schuldverhältnisses bestand oder erst später eingetreten ist.

Beschäftigen wir uns zunächst mit dem Falle, dass eine Leistung geschuldet wird, die schon zur Zeit der Begründung des Schuldverhältnisses unmöglich ist. Die auf eine derartige unmögliche Leistung gerichtete und einer Schenkung beigefügte Auflage ist nichtig: § 306. Bezüglich der letztwilligen Auflage bestimmen die §§ 2192 und 2171, dass die auf eine zur Zeit des Erbfalls unmögliche Leistung gerichtete Auflage unwirksam ist. Entscheidender Zeitpunkt ist die Zeit der Anordnung, beziehungsweise die Zeit des Erbfalls. In den beiden Vorschriften versteht das Gesetz unter Unmöglichkeit die objektive Unmöglichkeit.

Einzelne Fälle der Unmöglichkeit besonders aufzuführen, unterlässt das bürgerliche Gesetzbuch. Die letztwillige Auflage gilt insbesondere dann als unmöglich, wenn der vermachte Gegenstand von dem Erblasser verbraucht oder vernichtet wurde: Motive Bd. V, S. 156. Eine spezielle Vorschrift über den Einfluss einer nur teilweisen Unmöglichkeit des Leistungsgegenstandes auf die Gültigkeit eines Vertrags wurde im Hinblick auf § 139 für entbehrlich gehalten. Wenn daher im einzelnen Falle nicht anzunehmen ist, dass die Auflage auch ohne den nichtigen Teil angeordnet worden wäre, ist die ganze Anordnung hinsichtlich der Auflage nichtig.

Aus der Nichtigkeit der auf eine objektiv unmögliche Leistung gerichteten Auflage folgt, dass Schadenersatz wegen Nichterfüllung nicht zu leisten ist. Wer aber bei Annahme einer Schenkung verspricht, eine Auflage zu erfüllen, von der er weiss oder wissen muss, dass die versprochene Leistung unmöglich sei, ist dem anderen Teile zum Ersatz des negativen Interesses verpflichtet: § 307, 1. Diese Ersatzpflicht tritt nicht ein, wenn auch der Schenker die Unmöglichkeit kannte oder kennen musste.

Verlangt der Schenker auf Grund des § 307 Schadenersatz, so muss er beweisen, dass der Beschenkte bei der Abgabe des Versprechens der Erfüllung der Auflage die Unmöglichkeit der Auflage gekannt habe oder habe kennen müssen. Die Vorschriften des § 307 finden entsprechende Anwendung, wenn die Leistung nur teilweise unmöglich ist.

Der § 308, dessen Anwendbarkeit auch auf die letztwillige Auflage im § 2171, bezw. 2192 ausdrücklich konstatiert ist, bestimmt weiter, dass die Unmöglichkeit der Leistung der Gültigkeit der Auflage dann nicht entgegensteht, wenn die Unmöglichkeit gehoben werden kann und die Auflage für den Fall angeordnet ist, dass die Leistung möglich wird. Eine ausdrückliche Bestimmung, dass die Leistung für den gedachten Fall angeordnet wurde, ist nicht erforderlich; es genügt, wenn aus den Umständen erhellt, dass der Schenker, bezw. der Erblasser den fraglichen Fall in Aussicht genommen hat. Bei der letztwilligen Auflage genügt es also, wenn die Möglichkeit der Leistung nach dem Erbfalle eintritt. Wird eine unmögliche Leistung unter einer anderen aufschiebenden Bedingung oder unter Bestimmung eines Anfangstermins versprochen, so ist die Auflage gültig, wenn die Unmöglichkeit vor dem Eintritte der Bedingung oder des Termins gehoben wird: § 308, 2. Es ist nicht erforderlich, dass die Leistung gerade zur Zeit des Eintritts der Bedingung oder des Anfangstermins möglich ist; sondern es genügt, dass sie zu irgend einer Zeit vor diesem Zeitpunkte einmal möglich gewesen ist.

Besondere Vorschriften über die Folgen einer im Zeitpunkte der Anordnung bezw. beim Eintritte des Erbfalls bestehenden subjektiven Unmöglichkeit der Leistung sind im bürgerlichen Gesetzbuche nicht enthalten. Aus dem Mangel an Bestimmungen muss der Schluss gezogen werden, dass eine solche Art der Unmöglichkeit keine rechtlichen Folgen hat. Die Motive: Bd. II, S. 45 i. f. kommen zu demselben Resultate. Es kann also im Falle vorliegender subjektiver Unmöglichkeit auf Vollziehung der Auflage geklagt werden. An Stelle der ursprünglichen Leistung tritt die Hingabe eines Geldäquivalents.

Auch im gemeinen Rechte finden wir die Unterscheidung zwischen von Anfang an vorhandener und später eintretender, sowie zwischen subjektiver und objektiver Unmöglichkeit; ebenso sind die Folgen der beiden Arten von Unmöglichkeit die gleichen: Windscheid: §§ 264 u. 315; Dernburg: Bd. II, § 16. Eine Abweichung ist für das gemeine Recht nur insofern zu konstatieren, als in Ansehung der Unmöglichkeit der Leistung einer letztwilligen Auflage gemäss der Catonianischen Regel der Zeitpunkt der Errichtung in Anlehnung an das Vermächtnisrecht massgebend ist.

Das preuss. A.L.R. unterscheidet in der gleichen Weise: Förster, preuss. Privatrecht Bd. II, S. 436. Die von Anfang an vorhandene Unmöglichkeit hindert die Entstehung des Schuldverhältnisses; es ist nichtig: preuss. A.L.R. I, 5, § 51. Im Falle der subjektiven Unmöglichkeit entsteht zuweilen ein Ersatzanspruch. Als entscheidender Zeitpunkt für die Unmöglichkeit der Leistung einer letztwilligen Auflage gilt hier die Zeit des Todes des Erblassers. Das Landrecht zählt auch einzelne Fälle der Unmöglichkeit auf: z. B. Anordnungen über nicht vorhandene, untergegangene, dem Verkehr entzogene Sachen: I, 4, § 14; I, 5, § 58; I, 11, § 39. Doch ist ja eine derartige Exemplifikation eine besondere Eigentümlichkeit des preuss. A.L.R., eine Eigenart dieses Gesetzbuches, welche als ein nachahmenswerter Vorzug in unserer Zeit nicht mehr angesehen wird.

Soviel über die von Anfang an vorhandene Unmöglichkeit!

Geht die Sache, welche den Inhalt der einer Schenkung beigefügten Auflage bildet, in der Zeit nach der Anordnung unter, so entscheiden die allgemeinen Grundsätze der §§ 275—281. Dieselben Bestimmungen sind anzuwenden, wenn der den Inhalt einer letztwilligen Auflage bildende Gegenstand in der Zeit nach dem Eintritte des Erbfalles untergeht: Motive Bd. V, S. 155.

Ein Unterschied zwischen objektiver und subjektiver Unmöglichkeit wird hier nicht mehr gemacht: § 275, 2, wie dies bereits oben angegeben ist. Es handelt sich vielmehr bei diesem späteren Untergang der Sache nur mehr darum, ob die Unmöglichkeit infolge eines von dem mit der Auflage Beschwerten zu vertretenden Umstandes eingetreten ist, oder nicht. Welche Umstände der Beschwerte zu vertreten hat, ist in den §§ 276—279 enthalten. Bevor jedoch auf den Inhalt dieser Paragraphen näher eingegangen wird, ist aus dem § 275 festzustellen, dass der Belastete von der Verpflichtung zur Leistung frei wird, soweit dieselbe infolge eines nach der Anordnung der Auflage, bei der letztwilligen Auflage infolge eines nach dem Zeitpunkte des Erbfalles eintretenden Umstandes, den er nicht zu vertreten hat, unmöglich wird. Wenn demnach nur ein Teil der Leistung unmöglich wird, so wird der Beschwerte auch nur hinsichtlich dieses Teiles frei. Ist die Leistung nur für eine bestimmte Zeit unmöglich, so tritt die Befreiung lediglich für diese Zeit ein. Zu einer vollständigen Befreiung des Belasteten kommt es nur dann, wenn die Leistung völlig und dauernd unmöglich wird. Im Entwurf I war letzteres im § 237, 1 ausdrücklich konstatiert; von der zweiten Kommission wurde die Bestimmung als überflüssig gestrichen. Mit dem Ausdrucke: „infolge eines Umstandes, den er nicht zu vertreten hat“ will das Gesetzbuch die verschiedenen Fälle treffen, in denen die Haftung durch Gesetz oder Rechtsgeschäft über die Fahrlässigkeit hinaus bis zur Garantieübernahme gesteigert oder eine geringere ist. Auch bez. der Bestimmungen in § 275 weisen es die Motive: Bd. II, S. 45 ausdrücklich zurück, durch Beispiele die richtige Anwendung der Vorschrift zu sichern oder den Versuch einer erschöpfenden Aufzählung der denkbar möglichen Fälle zu machen. Als ein Hauptfall der befreienden

Unmöglichkeit erscheint der Untergang der geschuldeten speziellen Sache; unmöglich wird die Uebereignung einer speziellen Sache auch dann, wenn sie dem Gläubiger auf anderem Wege zu eigen wurde.

Einer nach der Entstehung des Schuldverhältnisses eintretenden Unmöglichkeit steht das nachträglich eintretende Unvermögen des Beschwerten zur Leistung gleich. Der Entwurf I § 237, 2 hatte diese Gleichstellung der objektiven und subjektiven Unmöglichkeit auf den Fall beschränkt, dass der Schuldner „einen in sich bestimmten" Gegenstand zu leisten hatte und infolge eines von ihm nicht zu vertretenden Umstandes nachträglich ausser Stand gesetzt wurde, die Leistung zu bethätigen. Mit dieser Fassung wollte der Entwurf I ausdrücken, dass die subjektive Unmöglichkeit von der Verpflichtung, Gegenstände, welche nur der Gattung nach bestimmt sind, zu leisten nicht befreit. Nachdem nun aber das bürgerliche Gesetzbuch über die Haftung bei den generischen Obligationen eine spezielle Vorschrift enthält, war eine Spezialisierung in § 275, 2 nicht mehr erforderlich. Doch bleibt der praktisch wichtigste Fall, in dem § 275, 2 zur Anwendung kommt, der in § 237, 2 genannte.

Ist die Leistung infolge des Vorsatzes oder der Fahrlässigkeit des Beschwerten unmöglich geworden, so kann Schadenersatz verlangt werden: § 276. Der aus dem Zwischensatz: „sofern nicht ein anderes bestimmt ist" sich ergebende dispositive Charakter lässt für den einzelnen Fall auch Abweichungen zu. Unter Vorsatz versteht das bürgerliche Gesetzbuch die auf einen bestimmten Erfolg gerichtete Willensbestimmung: Motive Bd. I, S. 280. Bei Beurteilung des Vorsatzes kommt es darauf an, dass der Beschwerte mit der ihm zur Last gelegten Handlung oder Unterlassung einen bestimmten Erfolg bezweckt hat oder dass wenigstens der Beschwerte sich bewusst gewesen ist, dass die Handlung oder Unterlassung diesen Erfolg haben werde. Für den Begriff der groben Fahrlässigkeit gibt das Gesetzbuch keine unterscheidenden Merkmale. Fahrlässig handelt, wer die im Verkehr erforderliche Sorgfalt ausser Acht lässt: § 276, 1. Diese Definition hat verschiedene Aenderungen erfahren.

Der Entwurf I verstand unter Fahrlässigkeit im Anschlusse an das römische Recht die Vernachlässigung der Sorgfalt, die ein ordentlicher Hausvater anzuwenden pflegt. Die an dieser Definition geübte Kritik führte dazu, dass die im Verkehr übliche Sorgfalt als massgebend aufgestellt wurde. An die Stelle des Ausdruckes „üblich" trat dann die „erforderliche" Sorgfalt. Unter dieser ist die Sorgfalt zu verstehen, welche von dem normalen Menschen gefordert werden darf, auch wenn sie im einzelnen Falle nicht genügt, um einen Schaden abzuwenden.

Die Haftung wegen Vorsatzes kann dem Schuldner nicht im voraus erlassen werden: § 276, 3.

Bedient sich der Beschwerte seines gesetzlichen Vertreters oder einer anderen Person zur Erfüllung seiner Verbindlichkeit, so hat er deren Verschulden — Vorsatz und Fahrlässigkeit — in gleichem Umfange zu vertreten, wie eigenes Verschulden: § 278.

Soweit die Leistung infolge eines von dem Beschwerten zu vertretenden Umstandes unmöglich wird, hat der Beschwerte dem Gläubiger, welcher berechtigt ist, die Vollziehung der Auflage zu verlangen, den durch die Nichterfüllung entstehenden Schaden zu ersetzen. Ist die Leistung nur teilweise unmöglich geworden, so ist nur der durch die Nichterfüllung dieses Teils der Leistung entstehende Schaden zu ersetzen. Doch kann im Falle teilweiser Unmöglichkeit der Gläubiger unter Ablehnung des noch möglichen Teils der Leistung Schadenersatz wegen Nichterfüllung der ganzen Verbindlichkeit verlangen, wenn die teilweise Erfüllung für ihn kein Interesse hat. Macht der Gläubiger von diesem Rechte Gebrauch, so muss er beweisen, dass jene Voraussetzung vorliegt. In Ansehung des Schadenersatzes bestimmt der § 249, dass der zum Schadenersatz Verpflichtete den Zustand herstellen muss, welcher bestehen würde, wenn der den Ersatzanspruch hervorrufende Umstand nicht eingetreten sein würde. Erlangt der Beschwerte infolge des Umstandes, welcher die Leistung unmöglich macht, für den geschuldeten Gegenstand einen Ersatz oder Ersatzanspruch, so kann der Gläubiger Herausgabe des als Ersatz Empfangenen oder

Abtretung des Ersatzanspruchs verlangen: § 281, 1. In praktischer Hinsicht wird die Vorschrift von Belang besonders dann, wenn der Schuldner durch Delikt eines Dritten den Gegenstand der Auflage verlor und er von diesem Dritten Schadenersatz erhalten hat oder fordern kann.

Die Vorschrift des § 281 kommt zunächst nur für die einer Schenkung beigefügte Auflage in Betracht. In Ansehung der letztwilligen Auflage erklären die Motive ausdrücklich, dass es unzulässig sei, allgemein zu bestimmen dass, wenn der vermachte Gegenstand untergegangen, oder dafür ein Ersatz oder Ersatzanspruch erlangt worden ist, dieser Ersatz oder Ersatzanspruch an die Stelle des Gegenstandes treten solle. Und es ist auch wohl die dort: Mot. Bd. V, S. 156 vertretene Annahme berechtigt, dass der Erblasser für den Fall des Unterganges der Sache infolge eines von dem Beschwerten nicht zu vertretenden Umstandes den etwa an die Stelle tretenden Ersatz oder Ersatzanspruch dem Bedachten nicht hat zuwenden wollen. Nun ist aber zu beachten, dass die Vorschrift des § 281, 1 nicht nur im Falle des § 275, sondern abweichend vom Entwurf I § 238, auch in dem Falle des § 280, welcher von einem vom Schuldner zu vertretenden Umstand handelt, Anwendung zu finden hat. Es ist infolgedessen die Annahme berechtigt, dass § 281 auch bei der letztwilligen Auflage Anwendung finden kann, soweit die Leistung infolge eines von dem Beschwerten zu vertretenden Umstandes unmöglich wird. Dem Gläubiger steht dann der Anspruch nach Massgabe des § 281 neben dem Anspruch auf Schadenersatz zu. Die im Entwurf I im Absatz 2 des § 238 noch enthaltene Bestimmung, dass das Surrogationsprinzip auch bei suspensiv bedingten und betagten Schuldverhältnissen angewandt werden könne, ist von der zweiten Kommission als selbstverständlich gestrichen worden.

Was das geltende Recht anlangt, so stehen sich im gemeinen Rechte und preussischen Landrechte Vorsatz und grobes Versehen gleich und durch Verabredung darf im voraus die Haftung dafür nicht ausgeschlossen werden: Windscheid § 265; Förster, preuss. Privatrecht Bd. II

§ 104. Das gemeine Recht kennt ausserdem die gewöhnliche Nachlässigkeit, im bürgerlichen Gesetzbuch Fahrlässigkeit genannt: Windscheid § 265, 3; Dernburg Bd. II, § 37. Das preussische Landrecht unterscheidet noch zwischen mässigem und geringem Versehen; die Haftung für die einzelnen Grade können die Parteien willkürlich bestimmen. Die Frage, ob der Schuldner auch das Verschulden der Personen zu vertreten habe, deren er sich zur Bewirkung der ihm obliegenden Leistung bedient, ist im gem. Recht äusserst bestritten. Die herrschende Ansicht geht dahin, es sei im konkreten Falle zu prüfen, ob der Schuldner befugt sei, sich dritter Personen zu bedienen und, wenn dies zulässig gewesen, so hafte der Schuldner für das Verschulden der Dritten nur insofern, als er bei der Auswahl oder Aufsicht oder bei der etwa erforderlichen Instruktion gefehlt habe. War dem Schuldner dagegen die Zuziehung dritter nicht erlaubt, so muss er unbedingt für deren Handlungen einstehen.

Nach dem preussischen Landrecht, wie nach dem gem. Recht erzeugt das Verschulden die Verpflichtung, den aus demselben entstehenden Schaden zu beseitigen. Das Surrogationsprinzip ist schon anerkannt im römischen Recht; für das gemeine Recht siehe Windscheid § 264, 2.

III. Ferner wird erfordert, dass die den Inhalt einer Auflage bildende Leistung nicht gegen ein gesetzliches Verbot verstösst: § 2171. In Ansehung der einer Schenkung beigefügten Auflage muss die allgemeine Vorschrift des § 134 herangezogen werden. Im Entwurf I lautete diese Vorschrift im § 105 dahin, dass ein Rechtsgeschäft, dessen Vornahme durch Gesetz verboten, nichtig ist. Es hing dies damit zusammen, dass im Entwurf I im § 344 Verträge, welche eine durch Gesetz verbotene Leistung zum Gegenstand hatten, für nichtig erklärt waren. Von der zweiten Kommission wurde diese Vorschrift gestrichen und es wurde dem § 134 eine Fassung gegeben, welche auch solche Rechtsgeschäfte, die auf eine durch Gesetz verbotene Leistung gerichtet sind, mitinbegriff. Gem. § 309 ist derjenige, welcher verspricht, eine Leistung zu machen, von der er weiss oder wissen musste, dass sie gesetzlich verboten ist, dem anderen Teile zum Ersatze des negativen Interesses nach Massgabe des § 307 verpflichtet. Für die einer Schenkung beigefügte, wie für die letztwillige Auflage gilt die Regel, dass die gegen ein Verbotsgesetz verstossende Auflage gültig ist, wenn sie für den Fall angeordnet wurde, dass das Verbotsgesetz aufgehoben wird. Wenn eine solche Auflage unter einer anderen Bedingung angeordnet ist, so ist sie gültig, wenn das Verbotsgesetz aufgehoben wird, bevor die Bedingung eintritt. Massgebender Zeitpunkt ist auch für dieses dritte Erfordernis die Zeit der Anordnung, bezw. die Zeit des Erbfalls.

IV. Die letzte Bedingung endlich, der die Leistung genügen muss, ist im § 138 enthalten. Hienach ist ein Rechtsgeschäft, das gegen die guten Sitten verstösst, nichtig. Hinsichtlich der letztwilligen Auflage wird das Erfordernis konstatiert in den Motiven Bd. V, S. 211 i. f. Auch der § 138 hat die nunmehrige Fassung erst in der 2. Kommission erhalten, nachdem diese die Vorschrift des § 344, dass Verträge, die gegen die guten Sitten verstossen, nichtig sind, gestrichen hatte. Die frühere Fassung des § 138 hatte lediglich auf die objektive Seite Gewicht gelegt. Die zweite Kommission ging von der Ansicht aus, dass auch die Berücksichtigung der subjektiven Seite erforderlich sei und brachte dies in der nunmehrigen Fassung zum Ausdruck. Auch hienach darf jedoch auf die Motive der Parteien nicht in dem Masse Rücksicht genommen werden, dass der Richter ihre Handlungen einer sittenrichterlichen Kontrolle unterziehen dürfte, aber jedenfalls darf im einzelnen Falle die verwerfliche Gesinnung der Beteiligten mit in Betracht gezogen werden. Die objektiven Umstände und der Inhalt des Rechtsgeschäftes selbst müssen, wenn dieser Fall der Nichtigkeit vorliegen soll, derartig sein, dass sie in Verbindung mit der Absicht der Beteiligten einen Verstoss gegen die guten Sitten enthalten. Entscheidender Zeitpunkt ist lediglich die Zeit der Anordnung der Auflage. Vom gemeinen Rechte: Dernburg Bd. II § 16, 4 wird ebenfalls ein gegen die Sittlichkeit verstossendes Rechtsgeschäft als ungültig erklärt. Auch das preussische Landrecht kennt das Erfordernis.

Dass letztwillige Auflagen unwirksam sind, welche unverständlich oder widersinnig sind, ist im bürgerlichen Gesetzbuch nicht besonders hervorgehoben. Es ergibt sich die Unwirksamkeit schon daraus, dass es bei solchen Auflagen an einem erkennbaren Willen des Erblassers fehlt.

Innerhalb der vier angegebenen Beschränkungen kann Inhalt der Auflage irgendwelches Verhalten des Belasteten sein. Das bürgerliche Gesetzbuch verlangt nicht, dass die Leistung einen Vermögenswert besitzt. Es muss allgemein für das Gesetz die Regel aufgestellt werden, dass, soweit sich nicht aus dem besonderen Inhalte eines Rechtsgeschäftes das Erfordernis eines Vermögenswertes ergibt, aus dem Schweigen des Gesetzes der Schluss zu ziehen ist, dass durch das Rechtsgeschäft eine Forderung auch dann begründet wird, wenn dieselbe einen Vermögenswert nicht hat. Das bürgerliche Gesetzbuch gibt im § 1940 eine Definition der letztwilligen Auflage. Aber weder in dieser Definition noch in der allgemeinen Begriffsbestimmung des § 241, noch sonst, wenn von der Auflage die Rede ist, wird ein vermögensrechtlicher Inhalt als zur verbindlichen Kraft erforderlich bezeichnet. Damit ist nun allerdings nicht gesagt, dass jedes Versprechen einer nicht geldwerten Leistung ein Schuldverhältnis begründet. Diesbezüglich führt Kohler im Archiv für bürgerliches Recht Bd. 12 S. 1 aus, dass die versprochene Leistung eine rechtliche Verbindlichkeit dann nicht erzeugen könne, wenn sie einer Sphäre des Lebens angehört, die nicht geschäftsmässig ist oder sein soll. Religion, Liebe und Anstand seien die Gebiete, in Ansehung deren Verabredungen dem Verkehre entzogen seien. Versprechen von Leistungen, die diesen Gebieten angehören, sind rechtlich unverbindlich. Diese Ausführungen decken sich auch mit der Anschauung des bürgerlichen Gesetzbuches.

Im gemeinen Rechte herrscht über die Frage, ob die den Gegenstand einer Obligation bildende Leistung einen vermögensrechtlichen Inhalt haben müsse, Streit. Dernburg: Pand. Bd. II § 17 und Arndts: Pandekten § 202[3] verlangen, dass die Leistung von einer solchen Beschaffenheit sein muss, dass sich ein vermögensrechtliches Interesse daran knüpft.

Windscheid § 250, und Jhering in seinen Jahrbüchern Bd. 18 S. 43 sehen von dem Erfordernisse des Vermögenswertes der Obligation ab. Es muss wohl gesagt werden, dass es der neueren Rechtsentwickelung und den Forderungen des modernen Verkehrs entspricht, das Erfordernis eines vermögensrechtlichen Inhalts nicht aufzustellen.

Wie aber, wenn der Auflage ein Erfordernis mangelt, sie infolgedessen keine Wirkungen äussert, hat dies eine Einwirkung auf die unter der Auflage gemachte Zuwendung zur Folge? Die Antwort auf diese Frage gibt uns § 2195 dahin, dass eine solche Einwirkung nur dann eintritt, wenn anzunehmen ist, dass der Erblasser die Zuwendung nicht ohne die Auflage gemacht haben würde. Diese Vorschrift zwingt den Richter die letztwillige Bestimmung genau zu prüfen, wenn er eine Entscheidung über den Einfluss einer unwirksamen Auflage auf die unter derselben gemachte Zuwendung treffen soll. Abgesehen davon, dass eine derartige Entscheidung an sich äusserst schwer zu treffen sein wird, ist auch zuzusehen, ob wirklich eine Auflage vorliegt. Dem Wortlaute nach kann eine Auflage angeordnet sein, während der Erblasser eigentlich ein Vermächtnis oder eine Bedingung für die Zuwendung treffen wollte. Beim Vermächtnis ist das unterscheidende Merkmal gegenüber der Auflage die Absicht, einer anderen Person einen Vermögensvorteil zuzuwenden: § 1939. Fehlt diese Absicht, so liegt kein Vermächtnis vor. Ob man es mit einer Bedingung oder einer Auflage zu thun hat, muss im einzelnen Falle festgestellt werden.

IV. Kapitel.

Die Vollziehung der Auflage.

Eine Auflage, die den im vorigen Kapitel aufgestellten 4 Erfordernissen genügt, ist rechtswirksam und verpflichtet an sich den Beschwerten zu ihrer Vollziehung. Die einzelnen Umstände der Vollziehung gestalten sich bei der einer Schenkung beigefügten Auflage und bei der letztwilligen Auflage verschieden. Es empfiehlt sich deshalb auch beide Arten hinsichtlich der Vollziehung gesondert zu betrachten. Beginnen wir mit der letztwilligen Auflage.

Vor allem erhebt sich die Frage, wer berechtigt ist, die Vollziehung einer letztwilligen Auflage zu verlangen. Diese Befugnis steht gem. § 2194 sowohl dem Erben, wie auch dem Miterben zu. Dem Testamentsvollstrecker ist die Berechtigung ebenfalls zuzusprechen. Bezüglich dessen Person ist zwar in dem genannten Paragraphen speziell nichts bestimmt, aber nachdem der Testamentsvollstrecker die letztwilligen Verfügungen des Erblassers zur Ausführung zu bringen hat, muss wohl auch ihm das Recht, die Vollziehung der Auflage verlangen zu können, zuerkannt werden. Da die Bezeichnung dieser beiden Personen allein nicht genügt, weil ja der einzige Erbe beschwert und ein Testamentsvollstrecker überhaupt nicht ernannt sein kann, so wird ganz allgemein auch demjenigen, welchem der Wegfall des mit der Auflage zunächst Beschwerten unmittelbar zu statten kommen würde, die Befugnis zugesprochen. Als solche Personen kommen in Betracht der Ersatzberufene und die gesetzlichen Erben, die durch den Erwerb einer Zuwendung seitens des zunächst Berufenen ausgeschlossen sind.

Auch nach gemeinem Rechte haben die Erben für die Ausführung der Auflage zu sorgen. Miterben können gegenseitig die Vollziehung fordern, mag nun die Auflage allen oder einem der Erben auferlegt sein. Wenn die Auflage einem Legatar auferlegt ist, so haben die Erben das Vermächtnis nur gegen Sicherstellung für Ausführung der Auflage herauszugeben; die Erben können auch auf diese Sicherstellung klagen. Ebenso kennt das gemeine Recht bereits das Institut der Testamentsexekutoren: Dernburg: Bd. III § 84a. Schon im römischen Rechte konnte die Obrigkeit die Vollziehung verlangen, wenn ein öffentliches Interesse vorlag: l. 50 § 1 D. de her. pet. 5, 3. Denselben Grundsatz hat das bürgerliche Gesetzbuch beibehalten, indem es im Satze 2 des § 2194 bestimmt: Liegt die Vollziehung im öffentlichen Interesse, so kann auch die zuständige Behörde die Vollziehung verlangen. Nach preussischem Landrecht ist ebenfalls in allen Fällen, in welchen der Erblasser bei Hinzufügung eines Zweckes die Beförderung des gemeinen Bestens unmittelbar im Auge gehabt hat, der Staat auf deren Erfüllung zu dringen berechtigt: preuss. A.L.R. I, 12 § 514. Während aber nach bürgerlichem Gesetzbuche dem mit der Auflage Bedachten ein Gläubigerrecht nicht gewährt wird: § 1940, erscheint nach preussischem Landrecht der Bedachte als Legatar oder Sublegatar und kann als solcher die Erfüllung des ihm Zugewendeten beanspruchen: Förster, preuss. Privatrecht Bd. IV § 250, III. Die Befugnis der im § 2194 bezeichneten Personen, die Vollziehung der Auflage zu fordern, trägt einen mehr formalen Charakter. Von einem Forderungsrechte mit materiellem Vermögenswerte kann keine Rede sein, denn die Leistung, welche die Personen zu verlangen berechtigt sind, hat für dieselben kein vermögensrechtliches Interesse.

In Ansehung des Zeitpunktes, in welchem die berechtigten Personen die Leistung beanspruchen können, ist zu unterscheiden der Zeitpunkt, in welchem der mit einer Auflage beschwerte Erbe und der Zeitpunkt, in dem der beschwerte Vermächtnisnehmer zu leisten hat. Besondere Vorschriften, wann der mit einer Auflage beschwerte Erbe die Beschwerung zu vollziehen hat, enthält das bürgerliche Gesetzbuch nicht. Es sind infolgedessen die allgemeinen Vorschriften des Rechtes der Schuldverhältnisse heranzuziehen. Im Hinblick auf § 271 würden die Miterben, derjenige, welchem der Wegfall des zunächst Beschwerten unmittelbar zu statten kommt oder die zuständige Behörde die Leistung alsbald nach dem Erbfalle fordern können, wenn eine Zeit für die Leistung weder vom Erblasser ausdrücklich bestimmt, noch aus den Umständen zu entnehmen ist. Ebenso ist der Erbe berechtigt, die Leistung zu der gleichen Zeit zu bewirken. Ist jedoch eine Zeit bestimmt, so ist im Zweifel anzunehmen, dass die Leistung nicht vor dieser Zeit verlangt werden, der beschwerte Erbe die Leistung aber vorher bewirken kann: § 271, 2. Auch das gemeine Recht hat diesen Grundsatz. Als besonderen Fall hat das bürgerliche Gesetzbuch vorgesehen, wenn die Zeit der Erfüllung der Auflage dem freien Belieben des Beschwerten überlassen ist. Gem. § 2181 wird die Leistung dann im Zweifel mit dem Tode des Beschwerten fällig. Mit dieser Vorschrift wird der späteste Zeitpunkt der Fälligkeit gekennzeichnet und zwar ebenfalls übereinstimmend mit dem gemeinen Rechte.

Von dem Vermächtnisnehmer, welcher mit einer Auflage beschwert ist, kann die Erfüllung derselben frühestens gefordert werden, wenn er das Vermächtnis, mit welchem er bedacht ist, zu verlangen berechtigt ist: § 2186. Die Fälligkeit der Auflage ist demnach nicht abhängig davon, dass der beschwerte Vermächtnisnehmer das Vermächtnis auch angenommen hat. Damit wäre den Personen, welche die Vollziehung der Auflage verlangen können, der Beweis der Annahme des Vermächtnisses seitens des beschwerten Vermächtnisnehmers auferlegt, welcher Beweis in der Mehrzahl der Fälle ein sehr schwieriger sein würde. Abgesehen hievon ist es dem beschwerten Vermächtnisnehmer leichter nachzuweisen, dass er das Vermächtnis nicht angenommen. Als spätester Zeitpunkt der Fälligkeit kommt natürlich auch hier der Zeitpunkt des Todes des Vermächtnisnehmers gem. § 2181 in Betracht.

Was die Kosten der Erfüllung anlangt, so treffen diese den Beschwerten. Denn das bürgerliche Gesetzbuch geht von dem Grundsatze aus, dass die Kosten der Erfüllung einer Verbindlichkeit den Schuldner treffen.

Ueber den Ort der Erfüllung der letztwilligen Auflage ist keine spezielle Vorschrift aufgestellt. Im allgemeinen Teile der Schuldverhältnisse: im § 269 wird bestimmt, dass die Leistung an dem Orte zu erfolgen habe, an welchem der Schuldner zur Zeit der Entstehung des Schuldverhältnisses d. i. also zur Zeit des Erbfalles seinen Wohnsitz hatte. Im gemeinen Rechte haben wir die Regel, dass der Schuldner an jedem nicht unpassenden Orte leisten kann, also namentlich an seinem Wohnorte. Wenn die Leistung auf Uebergabe einer individuell bestimmten Sache oder Quantität gerichtet ist, so braucht der Schuldner nur an dem Orte zu leisten, wo sich die Sache gerade befindet: Dernburg Bd. II § 32.

Nicht immer wird sich die Vollziehung der letztwilligen Auflage so einfach gestalten, dass nur die bisher besprochenen Punkte Berücksichtigung zu finden haben. Es muss vielmehr noch eine Reihe von Möglichkeiten ins Auge gefasst werden.

So ist einmal der Fall denkbar, dass der Erbe mit einer Auflage beschwert und der Nachlass überschuldet ist. Nach bürgerlichem Gesetzbuche hat der Erbe in einem solchen Falle die Verpflichtung unverzüglich, nachdem er von der Ueberschuldung des Nachlasses Kenntnis erlangt hat, die Eröffnung des Nachlasskonkurses zu beantragen. Widrigenfalls ist er den Gläubigern für den daraus entstehenden Schaden verantwortlich. Sobald dem Antrage des Erben stattgegeben, kann der Anspruch auf die Vollziehung der Auflage nur im Konkurse geltend gemacht werden. Die Eröffnung des Konkurses schliesst die Forderung der Erfüllung der Auflage im Prozesswege dem Erben gegenüber aus und wird also thatsächlich der Erbe für seine Person von der Verbindlichkeit, die Auflage zu erfüllen, frei: § 1975. Ist die Eröffnung des Nachlasskonkurses wegen Mangels einer den Kosten entsprechenden Masse nicht thunlich oder wird aus diesem Grunde das Konkursverfahren eingestellt, so kann der Erbe die Befriedigung eines Nachlassgläubigers insoweit verweigern, als der Nachlass nicht ausreicht.

Die Verbindlichkeit aus einer Auflage hat dann der Erbe so zu berichtigen, wie dieselbe im Falle des Konkurses zur Berichtigung kommen würde. Demgemäss darf der Erbe die Auflage erst nach den wirklichen Nachlassschulden erfüllen. Bei schuldhaftem Zuwiderhandeln des Erben gegen diese Bestimmung gilt die Erfüllung der Auflage dem bevorrechtigten Nachlassgläubiger gegenüber als nicht aus dem Nachlasse geschehen.

Wenn die Ueberschuldung des Nachlasses lediglich durch Auflagen hervorgerufen ist, besteht für den Erben die Verpflichtung, die Konkurseröffnung zu beantragen, nicht. Denn nach § 1980, 1 S. 2 bleiben bei der Bemessung der Zulänglichkeit des Nachlasses die Verbindlichkeiten aus Auflagen ausser Betracht. Es wurde deshalb in das freie Belieben des Erben gestellt, in einem solchen Falle die

Konkurseröffnung zu beantragen oder einen derartigen Antrag zu unterlassen, weil man andererseits auch den zum Verlangen der Vollziehung der Auflage berechtigten Personen das Recht versagt hat, ihrerseits den Antrag auf Konkurseröffnung stellen zu dürfen. Der Erbe kann ja auch noch in anderer Weise, als durch Herbeiführung des Konkurses die Beschränkung seiner Haftung geltend machen. Es ist ihm nämlich die Möglichkeit gegeben, die Nachlasspflegschaft zu beantragen. Gerade gegenüber den Auflagen hat die Pflegschaft eine grosse Bedeutung. Der unabhängige und an der Verteilung des Nachlasses nicht interessierte Nachlasspfleger wird am ersten bei den Beteiligten Vertrauen finden und so am besten in der Lage sein, einen Vergleich herbeizuführen und dadurch die für die beiden Teile gleich schädliche Konkurseröffnung zu vermeiden.

Damit nun aber, wenn ein Ausgleich nicht zustande kommt, der Erbe nicht gegen seinen Willen gezwungen werden kann, den Konkurs zu beantragen — denn einmal ist es dem mutmasslichen Willen des Erblassers nicht entsprechend, dass der Erbe die Verwertung des Nachlasses im Wege des Konkurses bloss zu dem Zwecke herbeiführen muss, um zu ermitteln, inwieweit der Nachlass zur Erfüllung der Auflagen ausreicht, dann soll nach dem Willen des Erblassers doch der Erbe den Nachlass bekommen — so wird dem Erben noch ein drittes Mittel an die Hand gegeben, das ihn der Notwendigkeit enthebt, den Konkurs zu beantragen. Gem. § 1992 kann der Erbe die Erfüllung der Auflage ebenfalls insoweit verweigern, als der Nachlass nicht ausreicht. In diesem Falle ist der Erbe verpflichtet, den Nachlass zum Zwecke der Befriedigung des Bedachten im Wege der Zwangsvollstreckung herauszugeben. Mit Rücksicht auf die Interessen des Erben und den Willen des Erblassers wurde für diesen speziellen Fall noch die Bestimmung aufgestellt, dass der Erbe die Herausgabe der noch vorhandenen Nachlassgegenstände durch Zahlung des Wertes abwenden kann.

Macht der Erbe von dem ihm zustehenden Rechte, ein Inventar zu errichten, Gebrauch, so müssen natürlich in diesem Inventare auch die Auflagen angegeben werden:

§ 2001; denn gemäss § 1967 gehören die Verbindlichkeiten aus Auflagen ebenfalls zu den Nachlassverbindlichkeiten.

Weiter erhebt sich die Frage, welchen Einfluss das Aufgebotsverfahren auf die Auflage äussert. Nach dem bürgerlichen Gesetzbuche können die Nachlassgläubiger im Wege des Aufgebotsverfahrens zur Anmeldung ihrer Forderungen aufgefordert werden. Die Ansprüche aus Auflagen brauchen jedoch nicht angemeldet zu werden: § 1972. Denn das Aufgebot hat nur den Zweck, den Erben über die Nachlassverbindlichkeiten genau zu unterrichten und von den Auflagen hat der Erbe durch die Verkündung der letztwilligen Verfügung bereits in ausreichender Weise Kenntnis erhalten. Es hätten also die mit einer Auflage Bedachten kraft Gesetzes die Stellung von nicht ausgeschlossenen Gläubigern und wären infolgedessen an sich vor den ausgeschlossenen Gläubigern zu befriedigen. Aber § 1973, 1 S. 2 bestimmt, dass der Erbe die ausgeschlossenen Gläubiger vor den Verbindlichkeiten aus Auflagen zu befriedigen hat. Die Vollziehung der Auflage ist nur dann ohne nachteilige Folgen für den Erben möglich, wenn der Erbe die Vollziehung vornimmt, bevor der Gläubiger seine Forderung geltend macht.

Auch mit Pflichtteilen kann die Erbschaft belastet sein. In dieser Beziehung ist einmal der Fall denkbar, dass der mit der Auflage beschwerte Erbe selbst zugleich pflichtteilsberechtigt ist. Dann gilt nach § 2306 die Auflage als nicht angeordnet, wenn der dem Erben hinterlassene Erbteil die Hälfte des gesetzlichen Erbteils nicht übersteigt. Jeder pflichtteilsberechtigte Erbe kann also wenigstens die Hälfte seines gesetzlichen Erbteils unbelastet als Pflichtteil verlangen. Bei Wegfall vor dem Eintritte des Erbfalls kann die Auflage gar nicht weiter in Betracht kommen, da jede Verfügung von Todeswegen erst mit dem Eintritte des Erbfalles überhaupt in Wirksamkeit tritt. Dem Wegfalle vor dem Erbfalle steht die Erledigung nach dem Erbfalle gleich, wenn die Auflage durch den Wegfall jede Wirkung verliert. Ist der hinterlassene Erbteil grösser, so kann der Pflichtteilsberechtigte den Erbteil ausschlagen und den Pflichtteil verlangen. Schlägt der Erbe den Erbteil nicht aus, so muss er die Auflage ohne alle Einwendung erfüllen. Wenn der pflichtteilsberechtigte und mit einer Auflage beschwerte Erbe die Erbschaft in Unkenntnis der angeordneten Beschwerung angenommen, so ist die Annahme unwirksam, da durch die Beschwerung der Gegenstand der Annahmeerklärung sich ändert. Nach § 2308, 1 kann der pflichtteilsberechtigte Erbe, der wegen der Beschwerung die Erbschaft ausgeschlagen hat, diese Ausschlagung anfechten, wenn die Beschwerung zur Zeit der Ausschlagung weggefallen und der Wegfall ihm nicht bekannt war.

Die Sache kann auch so gelagert sein, dass der mit einer Auflage beschwerte Erbe zwar nicht selbst pflichtteilsberechtigt ist, aber doch Pflichtteile zu erfüllen hat. In einem derartigen Falle können die Ansichten auseinandergehen, ob es die Pflicht des Erben ist, die Pflichtteile allein zu tragen oder ob nicht auch die aus der Auflage Berechtigten einen entsprechenden Teil der Pflichtteile tragen sollen. Das bürgerliche Gesetzbuch entscheidet sich im § 2318, 1 dahin, dass der Erbe die Erfüllung der ihm auferlegten Auflage soweit verweigern kann, dass die Pflichtteilslast von ihm und dem mit der Auflage Bedachten verhältnismässig getragen wird. In der Regel wird es auch dem Willen des Erblassers entsprechend sein, dass der Erbe die Pflichtteile nicht allein zu tragen hat. Natürlich kann der Erblasser auch abweichende Anordnungen treffen: § 2324. Ist der Erbe selbst noch pflichtteilsberechtigt, so kann er wegen der Pflichtteilslast die Auflage soweit kürzen, dass ihm sein eigener Pflichtteil verbleibt: § 2318 Abs. 3.

Eine Besonderheit enthält der § 2322. Ist nämlich eine von dem Pflichtteilsberechtigten ausgeschlagene Erbschaft oder ein von ihm ausgeschlagenes Vermächtnis mit einer Auflage beschwert, so kann derjenige, welchem die Ausschlagung zu statten kommt, die Auflage soweit kürzen, dass ihm der zur Deckung der Pflichtteilslast erforderliche Betrag verbleibt. Dass Abzüge nicht gerechtfertigt sind, insoweit der Erbe die Pflichtteilslast nicht zu tragen hat, wird im § 2323 noch ausdrücklich ausgesprochen.

Im gemeinen Rechte haben wir ebenfalls den im § 2318, 1

ausgesprochenen Grundsatz: Windscheid § 584 Note 3; ebenso im preuss. A.L.R. II, 2 § 434, 435. Der Pflichtteil ist auch nach geltendem Rechte lastenfrei zu hinterlassen; nach gemeinem Rechte: Dernburg Bd. III § 155, 2 gelten Auflagen, soweit sie den Pflichtteil belasten, als nicht geschrieben, sie sind nichtig. Das preuss. A.L.R.: II, 2 §§ 398, 433 lässt die Beschwerung hinwegfallen.

Was das Aufgebotsverfahren anlangt, so hat dasselbe im gemeinen Rechte gesetzliche Anerkennung nicht gefunden. Doch bedienten sich schon bisher die Erben vielfach einer öffentlichen Aufforderung an die Nachlassgläubiger zur Meldung ihrer Ansprüche: Windscheid § 606, Note 3. Schon hieraus lässt sich entnehmen, dass das Verfahren einem praktischen Bedürfnisse entgegenkommt.

Das bürgerliche Gesetzbuch hat das Institut des Aufgebots der Erbschaftsgläubiger dem preussischen Rechte und zwar der preussischen Konkursordnung vom 8. V. 1855, §§ 342—361 und dem preussischen Gesetze vom 28. III. 1879 betr. die Zwangsvollstreckung gegen Benefizialerben entnommen.

Ueber den insolventen Nachlass kann auf Betreiben eines einzelnen Gläubigers nach gemeinem Rechte der Konkurs eröffnet werden: Dernburg Bd. III § 171 i. f.

Gemeinrechtlich: Dernburg, Bd. III § 171, wie nach preuss. A.L.R. I, 9 §§ 420 ff. kann der Erbe durch Errichtung eines Nachlassinventars seine Haftung beschränken.

Bei dem mit einer Auflage beschwerten Vermächtnisnehmer ist der praktisch wichtigste Fall, dass das Vermächtnis zur Erfüllung der Auflage nicht ausreicht. Diesbezüglich bestimmt der § 2187, dass der Vermächtnisnehmer die Erfüllung der Auflage auch nach Annahme des ihm zugewendeten Vermächtnisses insoweit verweigern kann, als dasjenige, was er aus dem Vermächtnisse erhält, zur Erfüllung der Auflage nicht ausreicht. Auffällig ist bei dieser Bestimmung der Ausdruck: „was er aus dem Vermächtnisse erhält“. Diese Fassung ist mit Absicht deshalb gewählt, um die Frage offen zu halten, wie zu verfahren ist, wenn der beschwerte Vermächtnisnehmer infolge der ausdrücklichen

Bestimmung des Erblassers das Vermächtnis erst nach Ablauf einer bestimmten Zeit zu fordern hat, während er die Auflage sofort erfüllen muss. Es wäre eigentlich näher gelegen zu bestimmen, dass der beschwerte Vermächtnisnehmer sich dadurch von seiner Verbindlichkeit befreien könne, dass er das Empfangene an den Bedachten herausgibt. Denn dieser Weg wäre weitaus der kürzere gewesen. Aber einmal glaubte man nicht von dem geltenden Rechte: Windscheid § 650 Note 5; preuss. A.L.R. I, 12 § 293 abweichen zu dürfen; dann war man auch der Meinung, dass die Ueberschwerung des Vermächtnisnehmers selten vorkommen und dass bei der Einfachheit der Verhältnisse sich die Umständlichkeit des Verfahrens kaum geltend machen wird.

Lediglich eine Konsequenz der Bestimmung des § 2187 Absatz 1 ist die Vorschrift des Abs. 2, dass der Andere, welcher an die Stelle des beschwerten Vermächtnisnehmers tritt, nicht weiter haftet, als der Vermächtnisnehmer haften würde. Im Hinblick auf Absatz 3 des § 2187 kann der beschwerte Vermächtnisnehmer, ebenso wie der Erbe Schätzung beantragen oder die vermachten Gegenstände zum Zwecke der Zwangsvollstreckung ausliefern.

Ja selbst wenn die einem Vermächtnisnehmer gebührende Leistung auf Grund der Beschränkung der Haftung des Erben, wegen eines Pflichtteilsanspruchs oder in Gemässheit der eben besprochenen Bestimmungen des § 2187 gekürzt wird, das von ihm Empfangene aber noch zureichend wäre, die ihm auferlegte Auflage zu erfüllen, so braucht der Vermächtnisnehmer diesen Nachteil doch nicht allein zu tragen, sondern kann die Auflage ebenfalls verhältnismässig kürzen: § 2188. Diese Dispositivvorschrift entspricht dem geltenden Rechte: s. Windscheid § 650 Note 5; preuss. A.L.R. I, 12 § 351. Doch kann der Erblasser für den Fall, dass eine Kürzung aus den ebengenannten 3 Gründen eintritt, durch Verfügung von Todeswegen anordnen, dass eine Auflage den Vorrang vor den übrigen Beschwerungen haben soll.

Zum Teil anders gestalten sich die Verhältnisse bei der einer Schenkung beigefügten Auflage. Was zunächst die Personen anlangt, welche berechtigt sind, die

Vollziehung der Auflage zu verlangen, so ist hier vor allem der Schenker zu nennen. Dieser kann die Erfüllung der Auflage fordern, mag es sich nun um eine Auflage zu Gunsten seiner selbst, eines Dritten oder des Beschenkten handeln. Im ersteren Falle muss natürlich geprüft werden, ob eine verbindliche Auflage oder ob nur ein Rat oder etwa die Angabe der Veranlassung der Schenkung vorliegt. Denn wenn letzteres anzunehmen ist, muss ein Anspruch auf Vollziehung der Auflage verneint werden: Endemann § 164 Anm. 44. Nach dem Tode des Schenkers sind die Erben desselben berechtigt, die Vollziehung der Auflage zu verlangen. Bei der Auflage zu Gunsten eines Dritten ist im Zweifel anzunehmen, dass dieser Dritte unmittelbar das Recht erwerben soll, die Leistung zu fordern: § 330 S. 2. Bezüglich des Verhältnisses des Rechtes des Schenkers, die Vollziehung zu fordern, zu dem Rechte des Dritten ist zu sagen, dass beide regelmässig gleichwertig nebeneinander bestehen: § 335. Liegt die Vollziehung der Auflage im öffentlichen Interesse, so kann nach dem Tode des Schenkers auch die zuständige Behörde die Vollziehung verlangen: § 525, 2. Dieses Recht der zuständigen Behörde tritt ebenfalls gleichwertig neben das Recht des Erben. Die Frage, ob ein öffentliches Interesse vorliegt, hat gegebenen Falles das Gericht zu entscheiden.

In Ansehung des geltenden Rechtes ist zu sagen, dass im gemeinen Rechte gleichfalls der Schenker den Modus zu wahren hat; nach dem Tode des Schenkers dessen Erbe. Der Schenker kann auf Erfüllung der Auflage mit der actio praescriptis verbis klagen, wenn es sich um eine geldwerte Leistung handelt, zu welcher sich der Beschenkte durch Annahme des Geschenkes verpflichtet hat. Vergl. Dernburg: Bd. I § 115, 2; Windscheid: § 368. Handelt es sich um eine Auflage zu Gunsten eines Dritten, so hat dieser bereits nach römischem Rechte die Klage auf Erfüllung, obwohl in Rom der Grundsatz galt: alteri stipulari nemo potest: Dernburg Bd. I § 115, 2; Windscheid: § 316 Nr. 2a.

Für das preuss. A.L.R. wird angenommen, dass der Schenker bei ausbleibender Erfüllung der Auflage auf Zurückforderung des Geschenkten beschränkt sei: Förster, preuss.

Privatrecht Bd. II S. 32 Note 191. Die Gültigkeit der Verträge zu Gunsten Dritter erkennt das preussische Landrecht im Prinzipe an, gibt aber dem Dritten, welcher an dem Vertrage weder unmittelbar, noch mittelbar teilgenommen, ein Klagerecht nur im Falle seines Beitrittes zum Vertrage. Der Beitritt kann nur mit Bewilligung der Hauptparteien erfolgen. Durch den Beitritt erlangt der Dritte gegenüber dem mit der Auflage Beschwerten eine eigene selbständige Klage: preuss. A.L.R. §§ 74—77 I, 5.

Bezüglich der Zeit, wann die Vollziehung der Auflage von den oben genannten Personen gefordert werden kann, gilt der gemeinsame Grundsatz, dass die Auflage den Rechtserwerb nicht suspendiert, der Beschenkte also die Vollziehung der Schenkung vor der Erfüllung der Auflage verlangen kann: § 525, 1. Dieser Grundsatz ist allgemein Rechtens: Windscheid I, § 97; preuss. A.L.R. I, 4 § 153.

Zum Zwecke der Bestimmung des Ortes, wo die Erfüllung der Auflage zu geschehen hat, ist in Ermangelung einer speziellen Vorschrift § 269 heranzuziehen.

Ebenso, wie bei der letztwilligen Auflage haben wir auch hier den Grundsatz, dass der mit der Auflage Beschwerte von seiner Belastung keinesfalls einen Schaden haben darf, dadurch dass seine Aufwendung zur Erfüllung der Auflage grösser ist, als der Gewinn, den sein Vermögen durch die Schenkung erfuhr. Wenn nämlich infolge eines Mangels im Rechte oder infolge eines Mangels der verschenkten Sache der Wert der Zuwendung die Höhe der zur Vollziehung der Auflage erforderlichen Aufwendungen nicht erreicht, so hat der Beschenkte nach § 526 S. 1 vor der Vollziehung der Auflage gegen den Anspruch des Schenkers auf Vollziehung solange eine aufschiebende Einrede, bis der durch den Mangel vorhandene Fehlbetrag vom Schenker ausgeglichen wird. Hat der Beschenkte ohne Kenntnis des Mangels die Auflage vollzogen, so hat er nach S. 2 des genannten Paragraphen gegen den Schenker einen Anspruch auf Ersatz der durch die Vollziehung der Auflage verursachten notwendigen Aufwendungen, soweit diese den durch den Mangel verminderten Wert der Zuwendung übersteigen.

Im Hinblick auf § 257 mus dem Beschenkten sogar das Recht zuerkannt werden für den Fall, dass er zur Vollziehung der Auflage eine Verbindlichkeit eingegangen ist, in der Höhe des durch den Wert des empfangenen Geschenkes nicht gedeckten Betrags vom Schenker Befreiung von der Verbindlichkeit oder Sicherheitsleistung verlangen zu können.

Auch nach gemeinem Rechte ist der Schenker dem Beschenkten schadenersatzpflichtig, wenn er dolos oder grobfahrlässig eine fremde oder fehlerhafte Sache verschenkte und der Beschenkte ihretwegen Auflagen erfüllte: Dernburg: Bd. II § 107, 2. Für das preussische Landrecht vergl. I, 11 § 1057.

V. Kapitel.

Rückforderung des zur Vollziehung der Auflage Bestimmten.

Bei Behandlung dieser Lehre ist es gleichfalls zweckmässig, die einer Schenkung beigefügten Auflagen und die letztwilligen Auflagen gesondert zu betrachten.

Was die letztwilligen Auflagen anlangt, so lehnten es die Motive: Bd. V, S. 216 ausdrücklich ab, eine Bestimmung aufzunehmen dahin, dass Personen, welchen durch den Wegfall des Beschwerten Vorteile zufallen würden, die Herausgabe des von dem Beschwerten Empfangenen verlangen könnten, wenn diesem die Vollziehung der Auflage infolge eines von ihm zu vertretenden Umstandes unmöglich geworden sei. Begründet wurde dies hauptsächlich damit, dass der Wille des Erblassers ein ausserordentlich verschiedener sein könne und es bedenklich sein würde, einer dieser Möglichkeiten durch Aufnahme in das Gesetz, wenn auch nur in Form einer Dispositivvorschrift, den Vorzug zu geben. Nicht mit Unrecht wurde bei der zweiten Lesung des Gesetzes darauf hingewiesen, dass dieser Grund wenig stichhaltig sei. Wenn ein bestimmter Wille des Erblassers aus den Umständen erkennbar, so müsse freilich dieser massgebend sein. Aber wenn es an einem solchen erkennbaren Willen fehle, so müsse ein aus dem vermutlichen Willen des Testators geschöpfter Rechtssatz Aushülfe bieten. Unter Würdigung der geltend gemachten Gründe wurde § 2196 aufgenommen. In diesem Paragraph wird bestimmt: „Wird die Vollziehung einer Auflage infolge eines von dem Beschwerten zu vertretenden Umstandes unmöglich, so kann derjenige, welchem der Wegfall des zunächst Beschwerten unmittelbar zu statten kommen würde, die Herausgabe der Zuwendung nach den Vorschriften über die Herausgabe einer ungerechtfertigten Bereicherung insoweit fordern, als die Zuwendung zur Vollziehung der Auflage hätte verwendet werden müssen." Man ging von der Ansicht aus, dass nach dem Willen des Erblassers der mit der Auflage Beschwerte die Zuwendung nur mit der Beschwerung erhalten solle, dass die Auflage also den Wert der Zuwendung mindert und der Bedachte eine ungerechtfertigte Bereicherung erfährt, wenn er die Vollziehung der Auflage vereitelt und die dazu erforderlichen Kosten erspart.

Den Ausdruck „unmöglich" hat das Gesetz deshalb gebraucht, um auszudrücken, dass die Bestimmung des § 2196 nicht auf den Fall der böslichen Vereitelung beschränkt ist, sondern überhaupt jedes Verschulden des Beschwerten, also besonders auch die Verweigerung der Auflage von der Vorschrift getroffen werden soll.

Rückforderungsberechtigt sind nicht die sämtlichen im § 2194 genannten Personen, welche die Vollziehung der Auflage fordern können; sondern nur derjenige, welchem der Wegfall des zunächst Beschwerten unmittelbar zu statten kommen würde, kann von dem § 2196 Gebrauch machen. Dem mutmasslichen Willen des Erblassers entsprechend ist die Herausgabepflicht auf dasjenige beschränkt, was zur Vollziehung der Auflage hätte verwendet werden müssen. Die Herausgabe selbst soll erfolgen nach den Vorschriften über die Herausgabe einer ungerechtfertigten Bereicherung; der Anspruch bestimmt sich also näher nach den Vorschriften des § 818. An sich stützt sich der Kondiktionsanspruch auf § 812, 1, S. 2: „Wer durch die Leistung eines Anderen etwas erlangt, ist diesem zur Herausgabe verpflichtet, wenn der mit der Leistung nach dem Inhalte des Rechtsgeschäftes bezweckte Erfolg nicht eintritt.“ Gemäss § 818 hat der Beschwerte vor allem das herauszugeben, was zur Vollziehung der Auflage hätte verwendet werden müssen; ausserdem auch die gezogenen Nutzungen. Hat der Belastete auf Grund eines erlangten Rechtes oder als Ersatz für die Zerstörung, Beschädigung und Entziehung des in Frage stehenden Gegenstandes etwas erworben, so erstreckt sich die Herausgabepflicht hierauf. Für den Fall, dass die Herausgabe wegen der Beschaffenheit des Erlangten nicht möglich ist, z. B. wenn sich der Beschwerte Dienste hat leisten lassen, so hat der Belastete den Wert zu ersetzen. Das Gleiche tritt ein, wenn die Herausgabe aus einem anderen Grunde ausgeschlossen ist. Als Beispiele hiefür können angeführt werden: wenn der Beschwerte eine bewegliche Sache zur Vollziehung der Auflage hatte verwenden sollen und er diese Sache mit einer anderen dergestalt verbunden hat, dass dieselben wesentliche Bestandteile einer einheitlichen Sache werden; ebenso wenn der Beschwerte durch Verarbeitung oder Umbildung eine neue Sache hergestellt hat. Den Beweis, dass es ihm unmöglich, die Sache selbst herauszugeben, muss der Belastete führen. Die Verpflichtung zur Herausgabe oder zum Ersatze des Wertes ist ausgeschlossen, soweit der Belastete nicht mehr bereichert ist. Vom Eintritte der Rechtshängigkeit an haftet der Beschwerte nach den allgemeinen Bestimmungen der §§ 292, 987 bis 990.

Dieselben Regeln finden Anwendung, wenn der Beschwerte zur Vollziehung einer Auflage, die nicht durch einen Dritten vollzogen werden kann, rechtskräftig verurteilt ist und die zulässigen Zwangsmittel erfolglos gegen ihn angewendet worden sind: § 2196, 2.

Nach gemeinem Rechte besteht die Kondiktionsmöglichkeit ebenfalls: Windscheid § 556 Anm. 3; § 678 Anm. 6; Dernburg Bd. II § 142. Mit der condictio ob causam kann dem Belasteten dasjenige, was er auf Grund der ihm gemachten Zuwendung erhalten hat, wieder genommen werden. Das preuss. A.L.R. bestimmt in I, 12 §§ 510—533, dass der Erbe oder Legatarius, dem es durch eigenes Verschulden unmöglich wird, den ihm auferlegten Zweck zu erfüllen, den ihm zugedachten Vorteil wieder verliert.

Die Regeln über die Zurückforderung der einer Schenkung beigefügten Auflage enthält der § 527. Auch hier kann wegen Nichteintrittes des mit der Leistung nach dem Inhalte des Rechtsgeschäftes bezweckten Erfolges: § 812, 1 S. 2 nicht die ganze Schenkung zurückgefordert werden; denn regelmässig ist die unentgeltliche Bereicherung des Beschenkten der Hauptzweck, die Vollziehung der Auflage nur der Nebenzweck. Die Voraussetzungen des Anspruchs sind jedoch bei der Schenkungsauflage wesentlich andere, als diejenigen bei der Rückforderung der letztwilligen Auflage. Es gelten nämlich bei der Schenkungsauflage die Voraussetzungen, welche vom Gesetze für das Rücktrittsrecht bei gegenseitigen Verträgen aufgestellt sind; infolgedessen sind die §§ 325 u. 326 heranzuziehen. Hienach ist der Anspruch einmal begründet, wenn die Vollziehung der Auflage infolge eines vom Beschenkten zu vertretenden Umstandes ganz unmöglich wird und bei teilweiser Unmöglichkeit, wenn die teilweise Erfüllung für den Schenker kein Interesse hat: § 325, 1. Gem. § 325, 2 ist der Anspruch dann berechtigt, wenn der Beschenkte auf die Klage des Schenkers oder des Erben desselben zur Vollziehung der Auflage verurteilt ist und der Beschenkte die Auflage bis zum Ablaufe der ihm bestimmten Frist nicht oder nur teilweise vollzieht und im letzteren Falle der Schenker an der Vollziehung des rückständigen Teils kein Interesse hat; ebenso nach § 326, wenn der Beschenkte mit der Vollziehung der Auflage im Verzuge ist und er bis zum Ablaufe einer angemessenen Frist, die ihm der Schenker mit der Erklärung, dass er die spätere Vollziehung ablehnen werde, bestimmt hat, die Auflage überhaupt nicht oder nur teilweise vollzieht und im letzteren Falle die Vollziehung des rückständigen Teils für den Schenker kein Interesse hat. Der Anspruch selbst bestimmt sich näher nach den Bestimmungen des § 818, wie diese bereits oben erörtert wurden. Vermag der Beschenkte nachzuweisen, dass der Eintritt des Erfolges von Anfang an unmöglich war, und dass der Schenker dies gewusst oder dass der Schenker den Eintritt des Erfolges wider Treu und Glauben verhindert hat, so ist die Rückforderung wegen Nichtvollziehung der Auflage ausgeschlossen: § 815. Das Gleiche gilt gem. § 527, 2 dann, wenn ein Dritter berechtigt ist, die Vollziehung der Auflage zu verlangen.

War die Möglichkeit der Vollziehung nach dem Inhalte des Rechtsgeschäftes von Anfang an ungewiss, so ist der Beschenkte, falls die Vollziehung unmöglich wird, zur Herausgabe so verpflichtet, wie wenn der Anspruch auf Herausgabe zur Zeit des Empfanges rechtshängig geworden wäre: § 820. Es ist die Möglichkeit denkbar, dass eine Auflage angeordnet wurde, zu deren Vollziehung eine Vermögensaufwendung überhaupt nicht nötig ist. In einem solchen Falle kann ein Rückforderungsanspruch nicht begründet sein. Jedoch ist der Nachweis nicht ausgeschlossen, dass gerade die Vollziehung der Auflage der mit der Schenkung bezweckte Erfolg war. Auf Grund dessen kann die ganze Schenkung zurückgefordert werden.

Unter Umständen ist der Schenker, wenn die Auflage schuldhaft nicht erfüllt wurde, zum Widerruf der Schenkung nach Massgabe der Vorschriften über den Widerruf wegen Undanks berechtigt. Des Näheren vergl. hierüber Motive Bd. II S. 301 i. f.

Nach gemeinem Rechte ist der Schenker ebenfalls zur Rückforderung berechtigt, aber hier kann das ganze Geschenk zurückgefordert werden. Voraussetzung ist, dass die Auflage in der festgesetzten oder angemessenen Zeit nicht erfüllt wurde. Der Schenker hat zu diesem Zwecke die condictio ob causam: Dernburg Bd. I § 115, 2; Windscheid § 368, 3. Auch nach gemeinem Rechte ist die Zurückforderung des Geschenkten unter dem Gesichtspunkte der Undankbarkeit des Beschenkten möglich. Ob die Kondiktion dann erwächst, wenn die Vollziehung der Auflage durch Zufall vereitelt wird, ist nach gemeinem Rechte sehr bestritten. Dernburg lässt die Kondiktion auch in diesem Falle zu: Bd. II § 142, c. Für das bürgerliche Gesetzbuch ist dies nach der Fassung des § 527 ausgeschlossen. Wenn die Auflage die Leistung des Lebensunterhaltes an den Schenker zum Gegenstande hat, so kann derselbe, wenn die Leistung ausbleibt, das Geschenkte, soweit es bei dem Beschenkten noch vorhanden ist, sofort wieder mit der rei vindicatio utilis als sein Eigentum in Anspruch nehmen: Dernburg Bd. I § 115, 2a.

Das preuss. Landrecht erkennt den Rückforderungsanspruch des Schenkers ebenfalls an: preuss. A.L.R. I, 11 §§ 1053 ff.